かんたん！ かわいい！

子どもがよろこぶ
お弁当

rii 著

マイナビ

はじめに

はじめまして、riiです

子どもにかわいいお弁当を作ってあげたい!
これなら喜んで食べてくれるかな〜?
彼氏に作ってあげよう! 自分のご褒美に作ろうかな〜

そう思った方がこの本を手に取ってくださったのだと思います
本当にありがとうございます

私がかわいいお弁当を作り始めた時には
まだ写真を撮る!という習慣がなく
いわばガラケー時代

最初はどんなものを作っていたんだろう?と
過去に作ったお弁当を見たくなりますが
きっと子どもの記憶の中に残っていることでしょう

そしてInstagramで写真を投稿するようになり
もう10年以上(@yur_rii)

過去に自分が投稿をした写真を見ると
恥ずかしくなるようなクオリティーですが
それもすべて愛する娘のために作ったんだな〜と
今では良い思い出です

私は子どもの頃から料理が好きで
テレビ番組「3分クッキング」を録画して
料理の勉強をしていました

そんな私をずっと応援してくれた両親
「これが作ってみたい!」というと
材料を買ってきてくれて
味の感想などを教えてくれました

そして小学生の時に
お父さんにおにぎりを作ってあげた時があったんです

海苔も巻いていない梅干しも入っていない
塩味のおにぎりだったのですが
「riiが作るおにぎりは本当に美味しい」
その一言が今でも頭に焼き付いています

「誰かに作るって嬉しい…」
それが料理の世界に入ったきっかけでした

そして「いつかカフェが開きたい」と夢を持ち
まずはカフェに修業に入ることに

師匠からはコーヒーの入れ方や
フルーツパフェの作り方
色んなカフェメニューを学び
それを自宅で娘に作ってあげると
「お母さんのパフェ!スゴイ!」
と喜んでくれる娘

1番の私のファンであり
いつも応援してくれる娘がいたからこそ
厳しい修業も頑張ることができたんだと思います

それからはレストランのシェフ兼店長になり
「ちょっと和も学びたいな……」と
料亭に修業に入ったこともあります

料理は本当に厳しい世界で
いくら技や経験があっても
センスがないとお料理も映えません

そしてセンスを磨くのが一苦労……

とにかく色んな料理を見て学ぶ!
そして味を盗む(笑)

今まで必死に料理の世界で頑張ってきました

振り返ると本当に忙しい人生でしたが
それも応援してくれる夫と娘がいてくれたからこそ
私も頑張れたんだと思います

偏食で好き嫌いが多い子や
食に興味のない子どもさんでも
この本を読んでもらえると
少しは食に興味を持ってくれるかもしれません

頑張っている保護者の方々の手助けに
少しでもなれることが私の願いです

そして作ってくれた時には
ぜひ写真を送って頂けると嬉しいです

Part 1　おにぎり・ごはん

Part 2 おにく・おさかなのおかず

Part 3　やさいのおかず

Part 4　卵・その他のおかず

Part 5　冷凍食品のアレンジ

Part 6　パン・サンドイッチのお弁当

Part 7　季節・行事・イベントのお弁当

かんたんにかわいいお弁当が作れる!

- おかずはまとめて作りおきして、忙しい朝は詰めるだけ!
- 子どもがよろこんでくれる、残さず食べてくれる、かわいいおかずが満載
- 年少(3歳ごろ)から小学校低学年の子どもが対象です

Part 1 では、おにぎりやごはんを

Part 2〜Part 4 では、おにく、おさかな、やさい、卵などのおかずを

Part 5 では冷凍食品のアレンジレシピを

Part 6 では、サンドイッチのお弁当を

Part 7 では、季節・行事・イベントのおかず&お弁当を紹介

お弁当の盛り付け例はP.12〜19 ☞

いつものお弁当

❶ Part 1 からおにぎりorごはんをえらぶ

❷ Part 2〜4 からおかずを2〜3品えらぶ

❸ まずおにぎりorごはんを半分に詰めて、次におかずを詰めればできあがり

いそがしい朝のお弁当

❶ Part 1 からおにぎりorごはんをえらぶ（顔は
付けなくてもOK）

❷ Part 5から冷凍食品おかずを2品えらぶ

❸ まずおにぎりorごはんを半分に詰めて、次に
おかずを詰めればできあがり

サンドイッチの
お弁当

Part 6からサンドイッチをえらんでを詰める。
スキマにミニトマトやフルーツを入れてもOK

季節・行事・イベントの
お弁当

Part 7を参考に、いつもより華やかなお弁当に
してみましょう

●サンマ缶とキュウリの和え物（P.59）

●編み込みハンバーグ（P.88）

●たこさんウインナーおにぎり（P.26）

●ぐるぐるのりの卵焼き（P.78）

●鮭のごま焼き（P.56）

●インゲンのくるくる巻き（P.68）

●ウインナーとジャガイモのカレー炒め（P.86）

●うさぎちゃんおにぎり（P.28）

● ささみとオクラの串カツ（P.48）

● コーンと枝豆のチーズ焼き（P.95）

● パトカーおにぎり（P.32）

● 大根の赤しそ和え（P.67）

お弁当の盛り付け例

● ちくわとオクラのかわいい肉巻き (P.42)

● ツンツン卵焼き (P.79)

● おかっぱ顔弁 (P.34)

● キャベツとコーンのバター焼き (P.69)

お弁当の
盛り付け例

●トンデリング (P.45)

●フライドポテトでポテトサラダ (P.95)

●ハムオクラ (P.71)

●うさちゃんのおさんぽごはん (P.36)

お弁当の盛り付け例

●てりてり鶏ぽん（P.52）

●ミックスベジタブルのピンチョス（P.94）

●くまちゃんごはん（P.36）

●レンジで作れるカボチャの煮物（P.72）

お弁当の 盛り付け例

●鮭とキノコのバター焼き（P.56）

●三角卵焼き（P.78）

●お花ののり弁（P.34）

●ミニトマトのハンバーガー（P.65）

お弁当の
盛り付け例

●ゆで卵のころころコロッケ (P.80)

●ツンツン梅キュウリ (P.65)

●鶏そぼろ (P.40)

●お花のそぼろごはん (P.36)

お弁当箱・カトラリー・包み

お弁当箱

| 年少（3～4歳）
270ml くらい | 年中（4～5歳）
360ml くらい | 年長（5～6歳）
450ml くらい | 小学校低学年
540ml くらい |

フルーツやデザートなど
他のおかずと混ざらないように
小さな容器を添えてもOK

遠足などで園や学校の外に出る場合、
折りたためるお弁当箱も便利です。
おにぎりやサンドイッチのときはぜひ！

**子どもが
よろこぶものを
子どもと一緒に
選びましょう**

カトラリー

最初はフォークとスプーンのセットが一般的。
箸が使えるようになったら、箸との3点セットを。

包み

お弁当箱の包みは、巾着型のもの
や面ファスナー、ファスナーでとめる
タイプがおすすめ。保冷剤を入れら
れるものは夏の時期も安心。

子どものお弁当と作りおきのコツ

おにぎりとおかずのサイズ

年少（3〜4歳）	年中（4〜5歳）	年長（5〜6歳）	小学校低学年
4cmくらい	4.5cmくらい	5cmくらい	5.5cmくらい

子どものお弁当で注意すべきこと

幼稚園や保育園に通うようになり、子どもが初めてひとりで食べることを想像して作りましょう。先生などの大人が常に手伝ってあげられるとは限りません。飲み込んでしまったときにのどに詰まる危険がある食材は、ひとりでしっかりかんで食べられることを家で確認してから入れましょう。詳しくはP.24をご覧ください。なお、本書では爪楊枝、ピックや揚げたパスタを使ったレシピを紹介していますが、問題なく使えること、食べられることを確認してから、お弁当に入れるようにしてください。幼稚園や保育園によっては禁止のところもありますので、その際はルールに従ってください。なお、大人より子どもの消化器官は未発達なため、衛生管理には気を配ってください。特に食中毒予防には細心の注意を!

作ったものは冷蔵・冷凍

冷蔵・冷凍する場合は素早く冷まし、清潔なプラスチック製の密閉容器やファスナー付きのプラスチック・バッグに入れましょう。

冷蔵・冷凍の目安

作りおきができるおかずのレシピには冷蔵・冷凍可能な期間の目安を記してあります。なお、お弁当箱に詰める前に必ずおかずの状態を確認してください。

解凍したあとは

冷蔵したおかずは、そのままお弁当に入れても大丈夫です。冷凍したおかずは必ず電子レンジで加熱解凍し、粗熱をさましてからお弁当に詰めてください。

冷蔵は2日間
冷凍は2週間

あると便利な道具

①
キッチンバサミで
顔の部品づくり

②
型抜きで
かわいい形に

③
巻きすで
卵焼きを三角形や
まん丸に

④
キュウリ用の
デコレーション型で
卵焼きを星形に

きゅうりの星型 作成キット
製造：株式会社フォレスト
販売：種と苗の店グリーンサム

⑤
菜箸で
顔の細かい部分を配置

⑥
竹串で
卵焼きを花の形に

⑦
ピンセットで
さらに細かい部分を
配置

⑧
ピックで
より見栄えよく

かわいい
お弁当のコツ

型でくり抜く

星形の
型枠で抜く

かわいい形に切る

ウインナーを切って
色鉛筆に

形を変える

竹串とラップを使って
輪切りにすると
花の形に

揚げたパスタを使う

見えるように刺して
カニの足のように

色鮮やかにする

色とりどりのあられを
まとわせる

2色のチーズを
格子状に編む

顔を作る

チーズとのりで
目を作る

チョコペンで
顔を描く

23

この本の 決まりごと・注意点

ごはんの分量

100gを基準にしています。年齢や個人差に対応しながら適宜変更してください。

素材のサイズや濃さ

○ 卵＝Mサイズ

○ めんつゆ＝2倍濃縮

酒・みりん

○ 酒やみりんのアルコールが気になる場合は水でもOK

○ 本みりんを加熱しないレシピで使用する場合は、煮切りをしてください。

計量の容量

○ 大さじ1＝15cc（ml）

○ 小さじ1＝5cc（ml）

○ 1カップ＝200cc（ml）

調理機器の温度や時間

○ 電子レンジ＝600W

※ 500Wの場合は1.2倍の時間で

記載していないこと

○ 仕切りに使っているレタスなどレシピの材料として記載していないものがあります。

餃子の具（P.46、47）

〔材料〕

豚ひき肉 ………… 160g
キャベツ（みじん切り）… 80g
ニラ（みじん切り）…… 40g
塩・こしょう …… 小さじ1/2

※ すでに混ぜられて餃子の具として売られているものでもOK

フライの衣（P.48、60、73、80、84、120、131）

〔材料〕

薄力粉 ………… 適量
溶き卵 ………… 1個
パン粉 ………… 適量

〔フライの作り方〕

❶ フライの材料に薄力粉をまぶす
❷ 溶き卵にくぐらせる
❸ パン粉をつける
❹ 油で揚げる

薄力粉　溶き卵　パン粉

ご注意

※飲み込んでしまったときに危険な、まるごとのミニトマト、ウズラのゆで卵、黒豆、味付け大豆などは、ひとりでしっかりかんで食べられることを家で確認してから入れてください。または小さく切ってください。

※本書では爪楊枝、ピックや揚げたパスタを使ったレシピを紹介していますが、これらも問題なく使えること、食べられることを確認してから、お弁当に入れるようにしてください。なお、幼稚園や保育園によっては禁止のところもありますので、その際はルールに従ってください。

※冷蔵・冷凍期間は目安です。必ずお弁当箱に詰める前におかずの状態を確認してください。

Part 1
おにぎり・ごはん

おかっぱ女の子おにぎり

イチゴおにぎり

たこさんウインナーおにぎり

おかっぱ女の子おにぎり

〔材料〕1人分

ごはん……………… 100g
のり………………… 適量
梅干し……………… 適量
にんじん…………… 適量

〔作り方〕

❶ ごはんを2等分し、三角形ににぎる

❷ のりでおかっぱ頭を作り、❶に貼り付ける

❸ のりで目と口を作り、梅干しでほっぺを作り、花の形にくり抜いたにんじんを飾る

※ 梅干しはケチャップでもOK

イチゴおにぎり

〔材料〕1人分

ごはん……………… 100g
のり………………… 適量
タラコ……………… 適量
大葉………………… 1枚
白ごま……………… 少々

〔作り方〕

❶ ごはんを2等分し、丸型ににぎる

❷ 細く切ったのり2枚を交差させて巻く

❸ タラコ、大葉、白ごまをのせてイチゴを作る

たこさんウインナーおにぎり

〔材料〕1人分

ごはん……………… 100g
たこさんウインナー①(P.74)
………………… 2個
レタス……………… 適量
のり………………… 適量
スライスチーズ……… 適量

〔作り方〕

❶ ごはんを2等分し、俵型ににぎる

❷ たこさんウインナーをおにぎりにのせて、のりで巻く

❸ チーズとのりをのせて顔を作る

小むすびちゃんおにぎり

ホットドッグ風おにぎり

うさぎちゃんおにぎり

小むすびちゃんおにぎり

〔材料〕1人分

ごはん…………… 100g

のり……………… 適量

梅干し…………… 適量

タラコ…………… 適量

〔作り方〕

❶ ごはんを3等分し、小さい三角形ににぎる

❷ （a）のりを巻く

　（b）梅干しをのせる

　（c）タラコをのせる

❸ のりをのせて顔を作る

ホットドッグ風おにぎり

〔材料〕1人分

ごはん…………… 100g

のり……………… 適量

卵焼き(P.76)…… 1切れ

大葉……………… 1枚

ウインナー……… 1本

レタス…………… 適量

マヨネーズ……… 少々

〔作り方〕

❶ ごはんを2等分し、細長い丸型ににぎり、のりを巻いてラップで包む

❷ ❶に切り込みを入れる

❸ ひとつには大葉と卵焼き、もうひとつにはレタス、マヨネーズ、格子状に切り込みを入れてゆでたウインナーをはさむ

うさぎちゃんおにぎり

〔材料〕1人分

ごはん…………… 100g

ちくわ…………… 半分

のり……………… 適量

パスタ…………… 適量

タラコ…………… 適量

〔作り方〕

❶ ごはんを2等分し、丸型ににぎる

❷ ちくわでうさぎの耳を作る

❸ 乾燥パスタでおにぎりに固定する

❹ のりとタラコをのせて顔を作る

※ 乾燥パスタは問題なく食べられることを確認してから、お弁当に入れるようにしてください

天むすちゃんおにぎり

さくらんぼおにぎり

焼きおにぎりくまちゃん

天むすちゃんおにぎり

〔材料〕1人分

ごはん……………… 100g
エビの天ぷら(P.98)‥2本
のり……………………適量
マヨネーズ…………少々

〔作り方〕

❶ ごはんを2等分し、三角形ににぎる

❷ エビ天にマヨネーズをつけ、おにぎりに貼り付けたらのりで巻く

❸ のりをのせて顔を作る

※ エビの天ぷらは市販品でもOK

さくらんぼおにぎり

〔材料〕1人分

ごはん……………… 100g
カリカリ梅……………4個
大葉……………………適量

〔作り方〕

❶ ごはんを2等分し、三角形ににぎる

❷ カリカリ梅と大葉でさくらんぼを作る

焼きおにぎりくまちゃん

〔材料〕1人分

焼きおにぎり(市販)…………… 2個
チェダースライスチーズ……… 少々
ナチュラルスライスチーズ……… 少々
のり……………………………… 少々
赤ウインナー……………………… 1個

〔作り方〕

❶ ゆでた赤ウインナーの先端で鼻を、チェダースライスチーズで耳を作る(計2セット作る)

❷ ナチュラルスライスチーズとのりで目と口を作る

❸ 焼きおにぎりの上に❶❷をのせる

パトカーおにぎり

電車おにぎり

抱っこちゃんおにぎり

パトカーおにぎり

〔材料〕1人分

ごはん……………100g
のり…………………適量
赤ウインナー………適量
スライスチーズ………適量
パスタ………………少々

〔作り方〕

❶ ごはんを2等分し、丸みのある三角形ににぎる
❷ おにぎりの下半分にのりを巻く。上半分にのりで窓を作る
❸ ゆでた赤ウインナーの先端を4つ、輪切りを2つ用意して、輪切りの方にパスタを差し込む
❹ 赤ウインナーを、タイヤとランプに見立ててのせる
❺ チーズで「p」を作りのせる

※ 乾燥パスタは問題なく食べられることを確認してから、お弁当に入れるようにしてください

電車おにぎり

〔材料〕1人分

ごはん……………100g
のり…………………適量
カニ風味かまぼこ……適量
インゲン……………適量
スライスチーズ………適量
ハム…………………適量

〔作り方〕

❶ ごはんを2等分し、薄い丸型ににぎる
❷ おにぎりの周りにのりを巻く
❸ カニ風味かまぼこ、ゆでたインゲン、チーズ、ハムをのせて電車を作る
※ ハムはウインナーでもOK
※ インゲンはキュウリや大葉でもOK

抱っこちゃんおにぎり

〔材料〕1人分

ごはん……………100g
のり…………………適量
焼き鮭………………適量
ウインナー…………適量
大葉…………………1枚

〔作り方〕

❶ ごはんを2等分し、三角形ににぎる
❷ 半分に切った大葉をのせて、その上に鮭やゆでたウインナーをのせる
❸ おかずがまとまるようにのりで巻く
❹ のりで顔を作ってのせる
※ チラッと大葉などの緑が見えるとかわいくなります。レタスでもOK
※ 卵焼きなど他のおかずをはさんでもOK

おかっぱ顔弁

ひまわりごはん

お花ののり弁

おかっぱ顔弁

[材料] 1人分

ごはん ……………… 100g

のり ………………… 適量

梅干し ……………… 適量

黒ごま ……………… 適量

カニ風味かまぼこ …… 少々

[作り方]

❶ ごはんをお弁当箱に詰める

❷ のりをのせて髪を作る

❸ 梅干し、のり、黒ごまをのせて顔を作る

❹ カニ風味かまぼこで作ったリボンをのせる

ひまわりごはん

[材料] 1人分

ごはん ……………… 100g

コーン ……………… 適量

ウインナー ………… 適量

水菜 ………………… 適量

[作り方]

❶ ごはんをお弁当箱に詰める

❷ ウインナーを1.5cm幅に切り、格子状に切れ目を入れて焼く

❸ ❷をごはんにのせる。まわりにコーンを並べてひまわりの花を作る

❹ 水菜をのせてひまわりの葉っぱを作る

※ 水菜は大葉でもOK

お花ののり弁

[材料] 1人分

ごはん ……………… 100g

のり ………………… 適量

醤油 ………………… 少々

はんぺん …………… 適量

[作り方]

❶ ごはんをお弁当箱に詰める

❷ のりをちぎり、醤油を少し付けながらごはんの上にのせる

❸ はんぺんを薄く切り、花の形にくり抜いてのせる

※ のりは、ちぎってからのせると縮み防止になります

お花のそぼろごはん

くまちゃんごはん

うさちゃんのおさんぽごはん

お花のそぼろごはん

〔材料〕1人分

ごはん ……………… 100g
鶏そぼろ(P.40) …… 100g
はんぺん …………… 適量
スライスチーズ …… 適量
水菜 ………………… 適量

〔作り方〕

❶ ごはんをお弁当箱に詰める

❷ 鶏そぼろをごはんの上にのせる

❸ 薄く切って花の形にくり抜いたはんぺんとチーズをのせて花を作る

❹ 水菜をのせて葉っぱを作る

くまちゃんごはん

〔材料〕1人分

ごはん ……………… 100g
さつま揚げ(加熱済) ・・ 適量
ウインナー ………… 適量
スライスチーズ …… 適量
のり ………………… 適量
黒ごま ……………… 適量

〔作り方〕

❶ ごはんをお弁当箱に詰める

❷ 3〜4cmの型で丸くくり抜いたさつま揚げをのせ、ゆでたウインナー、チーズ、のりをのせてくまを作る

❸ ごはんに黒ごまをちらす

うさちゃんのおさんぽごはん

〔材料〕1人分

ごはん ……………… 100g
たくあん …………… 適量
のり ………………… 適量
にんじん …………… 適量
さつま揚げ(加熱済) 適量
大葉 ………………… 適量

〔作り方〕

❶ ごはんをお弁当箱に詰める

❷ たくあんとのりで家を作る

❸ ゆでたにんじんでウサギを作る

❹ さつま揚げと大葉で木を作る

❺ ❷❸❹をごはんの上にのせる

※ 大葉の代わりにキュウリやレタスでもOK

体　耳

頭　手

おやすみくまちゃんオムライス

〔作り方〕

❶ フライパンにバターを入れ、みじん切りにした玉ねぎとハムを炒める

❷ ❶にⒶを入れて軽く炒める

❸ ❷にごはんを入れて炒める（ケチャップライスのできあがり）

❹ ケチャップライスを下記の通り分ける

・1/3の量をお弁当箱に詰める

・1/3の量をラップで包んで丸く成形する（頭）

・残りで小さな丸を2つ（耳）、もっと小さな丸を2つ（手）作り、それ
　ぞれラップで包んで成形する。余り（体）は取っておく

❺ 薄焼き卵は4等分に切り、耳用に半円を2つくり抜いておく

❻ お弁当箱にレタスと薄焼き卵1切れをのせる

❼ ❻の左下に薄焼き卵1切れをのせる

❽ ケチャップライスが見えなくなるように薄焼き卵1切れとレタスをのせる

❾ 丸く成形した❹の頭をのせる

❿ ❹の耳を置き、❺で半円にくり抜いた薄焼き卵をのせる

⓫ 体の部分に❹の余りのケチャップライスを詰める

⓬ 薄焼き卵1切れを体の上に置き、❹の手をのせる

⓭ 頭の中央あたりに丸くくり抜いたチーズをのせる

⓮ のりで顔を作り、ケチャップで口を作る

⓯ 星形にくり抜いたチーズをちらす

〔材料〕1人分

ごはん	180g
玉ねぎ	1/4個
ハム	2枚
バター	5g
薄焼き卵(P.76)	1枚と少し
スライスチーズ	少々
レタス	適量
のり	少々
ケチャップ	少々
Ⓐ ケチャップ	大さじ2
コンソメ(固形)	1/2個
塩・こしょう	少々

❿

⓫

⓬

⓭

⓮

⓯

牛豚そぼろ

〔材料〕

合いびき肉	200g
サラダ油	小さじ1
ショウガのすりおろし	少々

Ⓐ
酒	大さじ1
みりん	大さじ1
醤油	大さじ2
砂糖	大さじ1

冷蔵は2日間
冷凍は2週間

〔作り方〕

❶ フライパンに油を熱し、ひき肉を炒める

❷ ショウガのすりおろしとⒶを加えて炒める

❸ 水分がほぼなくなれば、できあがり

鶏そぼろ

〔材料〕

鶏のひき肉	200g
酒	大さじ2
みりん	大さじ1
砂糖	大さじ2

薄口醤油（普通の醤油でもOK）	大さじ2
ショウガのすりおろし	少々

冷蔵は2日間
冷凍は2週間

〔作り方〕

❶ すべての材料をフライパンに入れ、火にかける前によく混ぜ合わせる

❷ 弱火にして混ぜながら火を通す

❸ 水分がほぼなくなれば、できあがり

Part 2
おにく・おさかなのおかず

インゲンとカニ風味かまぼこの肉巻き

〔材料〕4人分

豚薄切り肉	4枚	サラダ油	小さじ1
インゲン	20本程度	Ⓐ 醤油	大さじ1
カニ風味かまぼこ	4本	酒	大さじ1
薄力粉	適量	砂糖	小さじ1

〔作り方〕

❶ カニ風味かまぼこ2本のまわりに、同じ長さのインゲンを10本程度並べる。同様にもう1個作る

❷ 豚肉2枚に薄力粉をふり、❶を巻いて、全体にも薄力粉をふる

❸ フライパンに油を入れて熱し、❷の表面を焼く。フタをして蒸し焼きにする

❹ Ⓐをフライパンに加えて絡め、食べやすい大きさに切る

冷蔵は2日間

ちくわとオクラのかわいい肉巻き

〔材料〕4人分

豚薄切り肉	4枚	薄力粉	適量
ちくわ	2本	サラダ油	小さじ1
オクラ	2本	焼肉のタレ	大さじ1

〔作り方〕

❶ ちくわの中にゆでたオクラを詰める

❷ 豚肉2枚に薄力粉をふり、❶を巻いて、全体にも薄力粉をふる

❸ フライパンに油を入れて熱し、❷の表面を焼く。フタをして3分蒸し焼きにする

❹ 焼肉のタレで味をつけ、食べやすい大きさに切る

冷蔵は2日間

ウズラの卵の肉巻き

〔材料〕4人分

ウズラの卵（水煮）	4個	薄力粉	適量
豚薄切り肉	4枚	焼肉のタレ	大さじ1
ごま油	小さじ1	白ごま	少々

〔作り方〕

① ウズラの卵に薄力粉をふり、豚肉を巻き付けて全体に薄力粉をふる

② フライパンにごま油を入れて熱し、①を転がしながら焼く

③ 焼肉のタレで味をつけて、仕上げに白ごまをふりかける

冷蔵は2日間

※ ウズラの卵は誤嚥・窒息の危険性がある場合、使用しないでください

くるくるのりと梅の肉巻き

〔材料〕4人分

豚薄切り肉	4枚		ごま油	小さじ1
のり	適量	Ⓐ	醤油	小さじ1
梅干し	3粒		みりん	大さじ1
薄力粉	適量		砂糖	小さじ1

〔作り方〕

① 豚肉を横に2枚並べ、薄力粉をふる。のりと種を取り除いた梅干しをのせて巻く

② 残りの豚肉2枚を広げて薄力粉をふり、①をのせて再度巻き、全体に薄力粉をまぶす

③ フライパンにごま油を入れて熱し、②を焼く。途中フタをしながら蒸し焼きにする。火が通ったらⒶをフライパンに加えて味付けし、食べやすい大きさに切る

冷蔵は2日間
冷凍は2週間

袋ひとつで簡単スタミナ焼き

〔材料〕4人分

豚こま切れ肉	150g	サラダ油	小さじ1
玉ねぎ	1/2個	酒	大さじ1
サラダ油	適量	醤油	大さじ1
Ⓐ ニンニクのすりおろし	少々	砂糖	小さじ1
ショウガのすりおろし	少々		

〔作り方〕

❶ 玉ねぎを1cm幅の薄切りにする。ポリ袋に玉ねぎ、豚肉、Ⓐを入れてもみ込み、しばらく冷蔵庫に寝かせておく(できれば前日の夜にセットするとよい)

❷ フライパンを熱して油を入れ、❶を入れて炒める

冷蔵は2日間
冷凍は2週間

ほうれん草のくるくる巻き

〔材料〕4人分

豚薄切り肉	4枚	Ⓐ	醤油	大さじ1
ほうれん草	1/2束		酒	大さじ1
薄力粉	少々		砂糖	小さじ1
サラダ油	小さじ1			

〔作り方〕

❶ 豚肉を縦に2枚ずつ並べて薄力粉をふり、ゆでて切り分けたほうれん草を並べ、端からくるくる巻いて全体に薄力粉をふる

❷ フライパンにサラダ油を入れて熱し❶を焼く。途中フタをして蒸し焼きにし、火を通す

❸ Ⓐをフライパンに合わせ入れて❷に味をつけ、食べやすい大きさに切る

冷蔵は2日間
冷凍は2週間

冷蔵は2日間
冷凍は2週間

トンデリング

〔材料〕4人分

豚薄切り肉	8枚	Ⓐ 醤油	大さじ1
玉ねぎ	1個弱	酒	大さじ1
薄力粉	適量	砂糖	小さじ1
		すりごま	小さじ1
		ニンニクのすりおろし	少々

〔作り方〕

❶ 玉ねぎを輪切りにする。内側を取り外してドーナツのような形を4個作り、薄力粉をふる

❷ 玉ねぎ1個に対して豚肉を2枚巻く。全体にも薄力粉をふる

❸ フライパンで焼き、Ⓐで味をつける

❶    ❷

豚ヒレのピカタ

〔材料〕4人分

豚ヒレ肉	4切れ(厚さ1cm)	パセリ	少々
卵	1個	サラダ油	小さじ1
薄力粉	少々	Ⓐ 砂糖	小さじ1/2
塩・こしょう	少々	塩	ひとつまみ

〔作り方〕

❶ ボウルに卵をとき、Ⓐとみじん切りにしたパセリを加えてよく混ぜる

❷ 豚ヒレ肉に塩・こしょうをふり、薄力粉をまぶす

❸ フライパンに油を入れて熱し、❷の肉を❶の卵液に7〜8回くぐらせながら焼く

冷蔵は2日間
冷凍は2週間

❶    ❷

豚ヒレのマスタード焼き

〔材料〕4人分

豚ヒレ肉 ……… 4切れ(厚さ1cm)	Ⓐ	粒マスタード ……… 大さじ1
薄力粉 ……………………… 少々		マヨネーズ ……… 大さじ1
塩・こしょう ………………… 少々		粉チーズ ……………… 少々
パセリ ……………………… 少々		はちみつ ……………… 少々

〔作り方〕

❶ 豚肉に塩・こしょうをして薄力粉をまぶす

❷ ❶の上にⒶを塗り、トースターで焼く

❸ みじん切りにしたパセリをちらす

冷蔵は2日間
冷凍は2週間

ちくわ餃子

〔材料〕4人分

ちくわ …………………… 1本	ごま油 ……………… 小さじ1
餃子の具(P.24) ………… 適量	酒 …………………… 大さじ1
薄力粉 …………………… 適量	

〔作り方〕

❶ ちくわを縦に開いて餃子の具を詰める

❷ 全体に薄力粉をふり、ごま油を入れて熱したフライパンで表面を焼く

❸ 酒をふり、フタをして弱火で3分蒸し焼きにし、食べやすい大きさに切る

冷蔵は2日間

冷蔵は2日間
冷凍は2週間

〔ポイント〕
冷凍する場合は❸の状態、油で揚げる前に!

お花の揚げ餃子

〔材料〕4人分
餃子の皮‥‥‥‥‥‥‥‥4枚
餃子の具(P.24)‥‥‥‥‥適量
揚げ油‥‥‥‥‥‥‥‥‥適量

〔作り方〕
❶ 餃子の皮の真ん中に具を置く
❷ 周りに水をつけたら6ヶ所をつまみ、中央に向かって閉じる
❸ 閉じたところを横に倒して花の形にする
❹ 油で揚げる

ソースがいらないハンバーグ

〔材料〕4人分

合いびき肉‥‥‥‥200g	Ⓐ	パン粉‥‥‥‥大さじ5
玉ねぎ‥‥‥‥‥1/2個		溶き卵‥‥‥1/2個分
サラダ油‥‥‥‥小さじ1		牛乳‥‥‥‥大さじ1
		マヨネーズ‥‥小さじ1
		ケチャップ‥‥小さじ1
		塩・こしょう‥‥少々

冷蔵は2日間
冷凍は2週間

〔作り方〕
❶ 玉ねぎをみじん切りにして電子レンジで30秒加熱する
❷ ボウルにひき肉、❶の玉ねぎ、Ⓐを入れてよくこねる。8等分して成形する
❸ フライパンに油を引き、❷を焼く。片面にこげ目がついたらひっくり返し、フタをして5分蒸し焼きにする

星形ナゲット

〔材料〕4人分

鶏ひき肉	150g	Ⓐ	マヨネーズ	大さじ1
玉ねぎ	1/4個		片栗粉	大さじ1
おからパウダー	大さじ1		コンソメ	1/2個
揚げ油	適量		塩・こしょう	少々

〔作り方〕

❶ ボウルに鶏ひき肉、みじん切りにした玉ねぎ、おからパウダー、Ⓐを入れて混ぜ合わせる

❷ 小さく切ったクッキングシートの上に星の型を置き、❶を詰める

❸ 指で上から具を押しながら型を外す(型に少し油をつけるときれいに外せる)

❹ クッシングシートにのせたまま油の中に入れて揚げる

※ シートは自然にはがれますのではがれたら油から取り出します。

冷蔵は2日間
冷凍は2週間

ささみとオクラの串カツ

〔材料〕4人分

オクラ	4本	フライの衣(P.24)	適量
ささみ	2本	揚げ油	適量
塩・こしょう	少々		

〔作り方〕

❶ ささみは筋を除き、縦半分に切る

❷ ささみとオクラを交互に並べて串を4本刺し、塩・こしょうをする

❸ フライの衣をつけて油で揚げる

❹ 食べやすいように切る

❶

冷蔵は2日間
冷凍は2週間

※ 串は問題なく使えることを確認してから、お弁当に入れるようにしてください

48

おにぎりつくね

〔**材料**〕4人分

鶏ひき肉	200g		パン粉	大さじ3
木綿豆腐	100g		片栗粉	大さじ1
玉ねぎ	1/2個		鶏ガラスープの素	小さじ1/2
のり	適量	Ⓑ	醤油	大さじ1
サラダ油	小さじ1		酒	大さじ1
Ⓐ 卵白	1個分		砂糖	小さじ1
塩・こしょう	少々			

冷蔵は2日間
冷凍は2週間

〔**作り方**〕

❶ 鶏ひき肉に豆腐（水切り不要）、みじん切りにした玉ねぎ、Ⓐを入れて混ぜ合わせる

❷ ❶を8等分し、三角に成形して、のりを貼り付ける。サラダ油を熱したフライパンで焼く。片面が焼けたらひっくり返してフタをし、蒸し焼きにする

❸ Ⓑをフライパンに合わせ入れ、絡める

手羽元のチューリップ

〔**材料**〕4人分

鶏手羽元	8本	Ⓐ	醤油	大さじ1
片栗粉	大さじ2		酒	大さじ1
酒	大さじ1		砂糖	大さじ1
サラダ油	小さじ1		ショウガのすりおろし	少々
すりごま	少々			

冷蔵は2日間
冷凍は2週間

〔**チューリップの作り方**〕

❶ キッチンバサミで手羽元の根元の肉と骨を切り外す

❷ 肉を先の方にギューッと持っていく

❸ 身を裏返すように、ひっくり返す

〔**作り方**〕

❹ チューリップにした手羽元に片栗粉をまぶす

❺ サラダ油を引いたフライパンで焼く。途中で酒をふり、フタをして蒸し焼きにする

❻ Ⓐをフライパンに合わせ入れてよく絡める。仕上げにすりごまをふる

レンジでコーンシューマイ

〔材料〕4人分

鶏ひき肉	200g	Ⓐ	マヨネーズ	小さじ1
コーン	150g		片栗粉	小さじ1
玉ねぎ	1/4個		鶏ガラスープの素	小さじ1/2
			塩	ひとつまみ

〔作り方〕

❶ 玉ねぎをみじん切りにして、電子レンジで30秒加熱する

❷ ボウルに鶏ひき肉、❶の玉ねぎ、Ⓐを入れてよく混ぜ合わせる。8等分して丸める

❸ ❷の周りにコーンをつけて、耐熱容器に並べる。電子レンジで4分加熱する

※ 丸めるときに手に油をつけると成形しやすくなります

冷蔵は2日間
冷凍は2週間

豚こまチーズハンバーグ

〔材料〕4人分

豚こま切れ肉	150g	Ⓐ	片栗粉	大さじ1
とろけるチーズ	30g		醤油	少々
大葉	4枚		味噌	小さじ1
サラダ油	小さじ1		塩・こしょう	少々

〔作り方〕

❶ 豚肉、とろけるチーズ、Ⓐを混ぜ合わせて4等分する。丸く成形したら大葉を貼り付ける

❷ フライパンに油を入れて熱し、❶を焼く。片面が焼けたらひっくり返してフタをして、弱火で中まで火が通るように蒸し焼きにする

冷蔵は2日間
冷凍は2週間

冷蔵は2日間
冷凍は2週間

カラフル唐揚げ

〔材料〕4人分

鶏もも肉	1枚		揚げ油	適量
ぶぶあられ	30g	Ⓐ	酒	小さじ1
天ぷら粉	40g		醤油	小さじ1
水	大さじ3		ショウガのすりおろし	少々

〔作り方〕

❶ ひと口大に切った鶏肉にⒶで下味をつける

❷ 天ぷら粉と水を合わせ、❶を加えて混ぜ合わせる

❸ ぶぶあられをまぶして、油で揚げる

❸

冷蔵は2日間
冷凍は2週間

鶏マヨ

〔材料〕4人分

鶏むね肉	200g	Ⓑ	マヨネーズ	大さじ2
天ぷら粉	40g		ケチャップ	大さじ1
水	大さじ3		牛乳	大さじ1
揚げ油	適量		砂糖	小さじ1
Ⓐ 酒	大さじ1		パセリ	少々
醤油	小さじ1			

〔作り方〕

❶ 鶏むね肉をひと口大に切り、Ⓐで下味をつける

❷ ボウルに天ぷら粉と水を合わせて❶を入れ、油で揚げる

❸ 別のボウルにⒷを入れて混ぜ合わせ、❷を入れて絡める

てりてり鶏ぽん

〔材料〕4人分

鶏もも肉	1枚	サラダ油	小さじ1
片栗粉	大さじ2	Ⓐ マヨネーズ	大さじ2
小ねぎ	3本	ポン酢	大さじ1

〔作り方〕

❶ ひと口大に切った鶏もも肉に片栗粉をまぶす

❷ フライパンにサラダ油を入れて熱し、❶を焼く。途中フタをして蒸し焼きにしながら両面を焼く

❸ Ⓐを加えて絡める

❹ 小口切りにした小ねぎをちらす

冷蔵は2日間
冷凍は2週間

牛肉のカラフル肉巻き

〔材料〕4人分

牛薄切り肉	4枚	サラダ油	小さじ1
インゲン	4本	酒	大さじ1
パプリカ（赤）	1/6個	Ⓐ 醤油	大さじ1
パプリカ（黄色）	1/6個	酒	大さじ1
ヤングコーン（水煮）	3本	砂糖	小さじ1
薄力粉	適量		

〔作り方〕

❶ ラップの上に牛肉を横に広げて薄力粉をふり、インゲン、パプリカ、ヤングコーンを置く。ラップを使ってくるっと巻き、全体にも薄力粉をふる

❷ フライパンにサラダ油を入れて熱し、❶を焼く。表面にこげ目がついたら弱火にする。酒を入れ、フタをして蒸し焼きにする

❸ Ⓐをフライパンに合わせ入れて絡め、食べやすい大きさに切る

冷蔵は2日間
冷凍は2週間

牛肉と切り干し大根の和え物

〔材料〕4人分

牛こま切れ肉	100g
切り干し大根	15g
大葉	3枚

Ⓐ
レモン汁	小さじ1
ごま油	小さじ1
白すりごま	小さじ1
砂糖	小さじ1/2
鶏ガラスープの素	小さじ1/2

〔作り方〕

❶ 牛肉をゆでる

❷ 切り干し大根はかたくゆでてから
水気を絞り、食べやすい大きさに
切る

❸ ボウルに牛肉、❷、刻んだ大葉、Ⓐ
を入れて和える

冷蔵は2日間
冷凍は2週間

焼肉のタレでプルコギ風

〔材料〕4人分

牛こま切れ肉	100g

Ⓐ
ピーマン	1/2個
カラーピーマン	1/2個
にんじん	2cm
玉ねぎ	1/4個

ニラ	1/5束
もやし	1/3袋

ごま油	小さじ1
塩・こしょう	少々
白すりごま	少々

Ⓑ
焼肉のタレ	大さじ2
酒	大さじ1
ごま油	小さじ1

〔作り方〕

❶ 牛肉はⒷに漬け込んでおく

❷ フライパンにごま油を入れて熱し、細く切ったⒶ、5cmに切った
ニラ、もやしを炒める。❶を
加えて炒める

❸ 塩・こしょうで味をととのえて、
仕上げにすりごまをふる

冷蔵は2日間
冷凍は2週間

牛肉とミニトマトのオイスターソース炒め

〔材料〕4人分

牛こま切れ肉	150g	Ⓐ	オイスターソース	小さじ1
ミニトマト	8個		醤油	小さじ1
片栗粉	小さじ1		酒	小さじ1
ごま油	小さじ1		はちみつ	小さじ1
塩・こしょう	少々			

〔作り方〕

❶ 牛肉にⒶで下味をつけ、片栗粉をまぶす

❷ フライパンにごま油を入れて熱し、❶を炒める

❸ 半分に切ったミニトマトを❷に加え、塩・こしょうで味をととのえる

冷蔵は2日間
冷凍は2週間

牛肉とレタスのとろ〜り炒め

〔材料〕4人分

牛こま切れ肉	100g	Ⓐ	酒	大さじ1
レタス	葉3枚		ショウガのすりおろし	少々
卵	1個		醤油	小さじ1
塩	ひとつまみ	Ⓑ	オイスターソース	小さじ1
ごま油	小さじ2		鶏ガラスープの素	小さじ1/2
片栗粉	小さじ1		塩・こしょう	少々

冷蔵は2日間
冷凍は2週間

〔作り方〕

❶ 牛肉はⒶで下味をつけておく

❷ 卵に塩を入れて混ぜ合わせ、ごま油(小さじ1)を熱したフライパンでサッと炒めて取り出しておく

❸ ❶に片栗粉を入れて混ぜ合わせ、ごま油(小さじ1)を熱したフライパンで焼く

❹ ひと口大にちぎったレタスと❷の卵を入れてサッと炒め、Ⓑで味をつける

レンコンと牛肉のペペロン炒め

〔材料〕4人分

牛こま切れ肉	100g	ニンニク	1かけ
レンコン	80g	Ⓐ 鶏ガラスープの素	小さじ1/2
オリーブオイル	小さじ1	塩・こしょう	少々

〔作り方〕

❶ フライパンにオリーブオイルとみじん切りにしたニンニクを入れ、火をつけて炒める

❷ 半月切りにしたレンコンを入れて軽く炒める。牛肉を加えて炒め合わせる

❸ Ⓐで味をつける

冷蔵は2日間
冷凍は2週間

Column　ほうれん草のおひたしの作り方

〔材料〕4人分

ほうれん草		1束
Ⓐ	めんつゆ(2倍濃縮)	
		大さじ1
	みりん	大さじ1
	砂糖	小さじ1

〔作り方〕

❶ ほうれん草をゆでる

❷ 水で洗って絞り、食べやすい大きさに切る

❸ 合わせたⒶで味をつける

※ お好みでかつお節をかけてもOK

冷蔵は2日間
冷凍は2週間

鮭とキノコのバター焼き

〔材料〕4人分

生鮭の切り身	4切れ	ごま油	小さじ1
キノコ	適量	酒	小さじ1
（エノキ、椎茸、しめじなど）		薄力粉	適量
バター	10g	Ⓐ 醤油	小さじ1
塩・こしょう	少々	みりん	小さじ1

〔作り方〕

❶ 生鮭に塩・こしょうをふり、薄力粉をまぶす。ごま油を熱したフライパンで両面に焼き目が付くまで焼く

❷ キノコとバター、酒を入れる。フタをして弱火で3分蒸し焼きにする

❸ Ⓐを加えてサッと炒める

冷蔵は2日間
冷凍は2週間

鮭のごま焼き

〔材料〕4人分

鮭の切り身（1切れ40g）	4枚	ごま（白と黒）	各大さじ2
薄力粉	大さじ1	Ⓐ 酒	小さじ1
水	大さじ2	醤油	小さじ1

〔作り方〕

❶ 鮭の切り身はⒶで下味をつける

❷ 薄力粉と水を合わせ、鮭の表面に塗る

❸ 白と黒のごまを混ぜ合わせ、鮭にまぶす

❹ グリルで7～8分焼く

シシャモの春巻き

〔材料〕4人分

シシャモ……………………4尾	大葉……………………4枚
春巻きの皮……………………1枚	サラダ油……………………小さじ1

〔作り方〕

❶ シシャモは頭と尻尾を切り落とす

❷ 1/4に切った春巻きの皮に大葉と❶をのせて巻く

❸ フライパンにサラダ油を熱して、❷を焼く。途中フタをして蒸し焼きにする

白身魚のタラコマヨ焼き

〔材料〕4人分

白身魚……………………4切れ	Ⓑ タラコ……………………大さじ1
Ⓐ 酒……………………小さじ1	マヨネーズ……………………大さじ2
薄口醤油……………………小さじ1/2	粉チーズ……………………小さじ1

〔作り方〕

❶ 白身魚にⒶで下味をつける

❷ Ⓑを合わせ、❶の表面に塗る

❸ トースターでこげ目がつくまで焼く

冷蔵は2日間
冷凍は2週間

レンジでかんたん！サバの煮付け

〔材料〕4人分

サバ……………………4切れ

Ⓐ 酒………………大さじ2

みりん……………大さじ2

砂糖………………大さじ2

醤油………………大さじ2

ショウガのすりおろし…少々

冷蔵は2日間
冷凍は2週間

〔作り方〕

❶ 合わせたⒶを耐熱容器に入れ、サバの皮目を下にして入れる

❷ ラップをふんわりかけて、電子レンジで3分半加熱する

❸ ひっくり返し、スプーンで表面にⒶをかける。

❹ 再度ラップをして、電子レンジで1分加熱する

レンジでかんたん！塩サバのレモン蒸し

〔材料〕4人分

塩サバ（お弁当用／1切れ40g）

……………………4切れ

レモン…………半月切り4枚

Ⓐ 酒………………大さじ1

薄口醤油………小さじ1/2

冷蔵は2日間
冷凍は2週間

〔作り方〕

❶ 耐熱容器に、塩サバを皮を下にして入れる

❷ ❶の上にレモンをのせ、Ⓐを加える。

❸ ラップをふんわりかけて、電子レンジで2分半加熱する

❹ サバをひっくり返し、再度ラップをして1分半加熱する

アジのカレーソテー

〔材料〕4人分

アジの切り身 ……………… 4切れ

バター ……………………… 10g

Ⓐ ┌ 薄力粉 ………… 大さじ1.5

　 │ カレー粉 ……… 小さじ1/2

　 └ 塩・こしょう ………… 少々

パセリ …………………… 少々

〔作り方〕

❶ Ⓐをポリ袋に入れ、アジを入れてまぶす

❷ フライパンにバターを熱し、❶を焼く。途中フタをして蒸し焼きにして、中まで火を通す

❸ パセリをちらす

冷蔵は2日間
冷凍は2週間

サンマ缶とキュウリの和え物

〔材料〕4人分

サンマ缶 …………………… 1缶

キュウリ …………………… 1本

塩 …………………………… 適量

酢 …………………… 小さじ1

〔作り方〕

❶ キュウリを薄く切り、塩をまぶしてしんなりさせる

❷ 水でしっかり洗って塩気を取り、水気をしぼる

❸ ❷に酢を和える

❹ サンマ缶を軽くほぐし、❸を合わせる

エビとチーズの三角春巻き

〔材料〕4人分

エビ	2尾	揚げ油	適量
スライスチーズ	1/2枚	Ⓐ マヨネーズ	小さじ1/2
大葉	2枚	塩・こしょう	少々
春巻きの皮	1枚		

〔作り方〕

❶ エビとチーズを細かく切り、Ⓐと合わせる

❷ 縦に1/4に切った春巻きの皮に、半分に切った大葉2枚と❶をのせる

❸ 手前から三角に折り畳み、油で揚げる

まん丸エビフライ

冷蔵は2日間
冷凍は2週間

〔材料〕4人分

エビ	4尾
塩・こしょう	少々
フライの衣(P.24)	適量
揚げ油	適量

〔作り方〕

❶ エビは腹の方から開いて、開いた方を外側になるように丸めて爪楊枝でとめる

❷ 塩・こしょうをし、フライの衣をつけて油で揚げる。爪楊枝は取る

エビマヨサラダ

〔材料〕4人分

エビ	8尾
ブロッコリー	1/3株
ゆで卵	1個
Ⓐ	マヨネーズ	大さじ2
	塩・こしょう	少々

〔作り方〕

❶ エビと小房に切ったブロッコリーをゆでておく

❷ ❶と刻んだゆで卵、Ⓐをボウルに入れて混ぜ合わせる

※ 粒マスタードを小さじ1/2入れてもおいしくなります

冷蔵は2日間

イカのねぎ塩炒め

〔材料〕4人分

イカ	150g	Ⓐ	鶏ガラスープの素	
小ねぎ	3本			小さじ1/2
ごま油	小さじ1		みりん	小さじ1/2
酒	大さじ1		塩・こしょう	少々

〔作り方〕

❶ イカは格子状に切り目を入れ、食べやすい大きさに切る

❷ フライパンにごま油を入れて熱し、❶を軽く炒める。酒をふり、蒸し焼きにする

❸ 小口切りにした小ねぎとⒶを加えて炒める

おにぎりに貼り付けるのりですが、ハサミを使って手で切っても、のりカッターを使っても OK です。

手で切るときの**ポイントは、のり1枚では切らないこと！ 2、3枚重ねた状態**で丸くカットして、目や口などのパーツを作っています。

そして、のりは黒くて丈夫なものを使うことがポイントです。スカスカしているのりや緑がかったのりは避けましょう。

のりカッターを使って
作った顔の表情 ▶

ハサミを使って
手で切って作っ
た顔の表情
▼

Part 3

やさいのおかず

格子状のキュウリピンチョス

〔材料〕4人分

キュウリ……………………………1本
めんつゆ（2倍濃縮）……大さじ1

〔作り方〕

❶ キュウリを1cm幅の輪切りにして、しましまになるように皮をむく

❷ ポリ袋に❶とめんつゆを入れ、30分漬け込む

❸ ❷を格子状になるようにずらしながら、ピックや爪楊枝に3～4個刺す

※ ピックや爪楊枝は問題なく使えることを確認してから、お弁当に入れるようにしてください

かわいいピンチョス

〔材料〕4人分

ミニトマト……………………………4個
キュウリ……………………………4cm
ウズラの卵（水煮）…………4個
めんつゆ（2倍濃縮）……小さじ1

〔作り方〕

❶ キュウリを1cm幅の輪切りにして、しましまになるように皮をむき、めんつゆを和える

❷ ミニトマト、❶のキュウリ、ウズラの卵をピックや爪楊枝に刺す

※ 誤嚥・窒息の危険性がある場合、ウズラの卵およびミニトマトをまるごとでは使用しないでください

※ ピックや爪楊枝は問題なく使えることを確認してから、お弁当に入れるようにしてください

ミニトマトのハンバーガー

〔材料〕4人分

ミニトマト	4個	ハム	適量
キュウリ	適量	レタス	適量
スライスチーズ	適量		

〔作り方〕

❶ ミニトマトは半分に切り、キュウリは輪切りにする。ハムとチーズを丸く型抜きする

❷ ミニトマトをピックや爪楊枝に刺す

❸ ❷にレタス、キュウリ、ハム、チーズを好きな順に刺し、最後にミニトマトを刺す

❶

※ ピックや爪楊枝は問題なく使えることを確認してから、お弁当に入れるようにしてください

ツンツン梅キュウリ

〔材料〕4人分

キュウリ	1本
梅肉	適量

〔作り方〕

❶ キュウリを5cm幅に切り、真ん中にギザギザに切り込みを一周入れて半分にする

❷ 真ん中に梅肉をのせる

❶

レンジでかんたん！にんじんグラッセ

〔材料〕4人分

にんじん	5cm	水	大さじ1
Ⓐ バター	10g	砂糖	小さじ1/2

〔作り方〕

❶ にんじんを5mm幅の輪切りにして、型でくり抜く

❷ 耐熱容器に❶とⒶを入れ、ラップをして電子レンジで1分半加熱する

❸ 取り出したらひっくり返し、ラップをふんわりかけて20秒加熱する

❹ ラップをしたまま冷ます

冷蔵は2日間
冷凍は2週間

にんじんのナムル

〔材料〕4人分

にんじん	小1本	Ⓐ ごま油	大さじ1
塩	小さじ1/2	醤油	小さじ1
白ごま	適量	鶏ガラスープの素	小さじ1/2

〔作り方〕

❶ にんじんはピーラーで薄くスライスし、塩をまぶしてしんなりさせる

❷ ❶を水で洗い、しっかり水気を切ったらⒶと合わせる

❸ 仕上げに白ごまをふりかける

大根の赤しそ和え

〔材料〕4人分

大根 ……………………10cm
赤しそのふりかけ ……… 小さじ2
塩 ………………………小さじ1/2

〔作り方〕

❶ 大根は短冊の薄切りにして、塩をまぶしてしんなりさせる

❷ ❶を水で洗い、しっかり水気をしぼる

❸ ❷に赤しそのふりかけを和える

冷蔵は2日間
冷凍は2週間

型抜き大根のかわいい煮物

〔材料〕4人分

大根 ……………10cm	Ⓐ	醤油 ………大さじ1.5
さつま揚げ …………2枚		砂糖 …………大さじ1
水 ………………150cc		みりん ………大さじ1
インゲン ……………3本		和風出汁の素 …小さじ1

〔作り方〕

❶ 1cm幅に切った大根とさつま揚げをかわいい形に型抜きする

❷ 鍋に水とⒶを入れて❶の大根とさつま揚げを入れる。大根が柔らかくなるまで煮込む

❸ ゆでて3〜4cmに切ったインゲンをちらす

❶

しっかり味のごぼうサラダ

〔材料〕4人分

ごぼう	1本	ⓑ マヨネーズ ……… 大さじ2
にんじん	5cm	白すりごま …… 大さじ1
Ⓐ めんつゆ(2倍濃縮)・大さじ1		塩・こしょう ……… 少々
みりん ……… 大さじ1		

〔作り方〕

❶ ごぼうとにんじんを細切りにして耐熱容器に入れ、ラップをふんわりかけて電子レンジで5分加熱する

❷ ❶がまだ熱いうちにⒶを入れて混ぜ合わせる

❸ ⓑを加えて和える

インゲンのくるくる巻き

〔材料〕4人分

インゲン	10本	ごま油	適量
ちくわ	1本	焼肉のタレ	適量

〔作り方〕

❶ インゲンは下ゆでをして半分の長さ(5cmほど)に切る。ちくわは縦4等分に切る

❷ インゲン5本にちくわをらせん状に巻き付け、爪楊枝でとめる(ちくわは内側を外に)

❸ ごま油を熱したフライパンで❷を焼き、焼肉のタレで味をつける

冷蔵は2日間

❷

※ 爪楊枝は問題なく使えることを確認してから、お弁当に入れるようにしてください

ピーマンのタルタルグラタン

〔材料〕4人分

ピーマン	2個
ツナ缶	1缶
ゆで卵	1個
粉チーズ	少々
パン粉	少々
パセリ	少々
Ⓐ マヨネーズ	大さじ1
塩・こしょう	少々

冷蔵は2日間
冷凍は2週間

〔作り方〕

❶ ピーマンを縦半分に切り、ヘタと種を取り除く

❷ 油を切ったツナ、刻んだゆで卵、Ⓐを混ぜ合わせて❶に詰め込む

❸ 粉チーズとパン粉をふり、トースターで10分程度（表面にこげ目が付くまで）焼く

❹ 仕上げにパセリをかける

キャベツとコーンのバター焼き

〔材料〕4人分

キャベツ	3枚
コーン	スプーン3杯程度
バター	10g
塩・こしょう	少々

〔作り方〕

❶ キャベツはざく切りにする

❷ フライパンにバターを熱し、キャベツとコーンを炒める

❸ 塩・こしょうで味をつける

冷蔵は2日間
冷凍は2週間

のり巻きほうれん草

〔材料〕4人分

ほうれん草	1/2束	めんつゆ(2倍濃縮)	小さじ1
焼きのり	1/2枚	ハム	少々

〔作り方〕

① ほうれん草はラップに包んで電子レンジで2分加熱する。水にさらして水気を絞る。根元を切り落とし、半分に切ってめんつゆを和える

② ラップの上にのりを置き、手前に①をのせて端からくるくると巻く

③ ラップの上から4等分に切り、ラップを外す。お花の形にくり抜いたハムをのせる

かわいいブロッコリー

〔材料〕4人分

ブロッコリー(小房に分けたもの)		ちくわ	適量
	4個	マヨネーズ	適量
スライスチーズ	適量		

〔作り方〕

① ちくわの輪切り(1～1.5cm幅)を4個用意する

② ゆでたブロッコリーを①に差し込む

③ お花や星など好きな形にチーズをくり抜き、マヨネーズを少しつけてブロッコリーに貼り付ける

冷蔵は2日間

チーズオクラ

〔材料〕4人分

オクラ ･････････････････････ 8本
とろけるチーズ ･･･････････ 20g
かつお節 ･･･････････････････ 適量
めんつゆ(2倍濃縮) ･････ 大さじ1
ごま油 ･･･････････････････････ 適量

〔作り方〕

❶ ごま油を熱したフライパンでオクラをこんがり焼く

❷ 耐熱皿に移してチーズをのせ、めんつゆをかけて電子レンジで2分加熱する

❸ 仕上げにかつお節をかける

ハムオクラ

〔材料〕4人分

オクラ ･････････････････････ 4本
ハム ･･･････････････････････ 4枚
マヨネーズ ･･･････････････ 適量

〔作り方〕

❶ オクラをゆでる

❷ ハムにマヨネーズを塗り、オクラを巻いて半分にカットする

❷

レンジで作れるカボチャの煮物

〔材料〕4人分

カボチャ……………………………1/4

Ⓐ めんつゆ(2倍濃縮)…大さじ3
みりん………………………大さじ2

〔作り方〕

❶ カボチャはひと口大に切る。面取りして皮を少し削り、耐熱容器に皮を下にして入れる

❷ Ⓐを加えてラップをふんわりかけて、電子レンジで5分加熱する

❸ ラップをしたまま粗熱を取る

冷蔵は2日間
冷凍は2週間

ナスと厚揚げの照り焼き

〔材料〕4人分

ナス	1本		白ごま	適量
厚揚げ	150g	Ⓐ	醤油	大さじ1
片栗粉	適量		砂糖	大さじ1
ごま油	大さじ3		みりん	大さじ1

〔作り方〕

❶ ナスは乱切りにし、厚揚げは食べやすい大きさに切って、片栗粉をまぶす

❷ フライパンにごま油(大さじ2)を入れて熱し、ナスを炒めていったん取り出しておく

❸ フライパンにごま油(大さじ1)を入れて熱し、厚揚げを焼く

❹ 厚揚げにこげ目がついたら❷を戻し入れ、Ⓐを入れて絡める。仕上げに白ごまをふりかける

冷蔵は2日間

ジャガイモののりコロッケ

〔材料〕4人分

ジャガイモ	150g	揚げ油	適量
ゆで卵	1個	Ⓐ マヨネーズ	大さじ1
焼きのり	適量	塩・こしょう	少々
フライの衣(P.24)	適量	醤油	小さじ1/2

〔作り方〕

❶ ゆでてマッシュしたジャガイモ、刻んだゆで卵、Ⓐを混ぜ合わせる

❷ 丸く成形したらのりを十字に巻く

❸ フライの衣をつけて油で揚げる

冷蔵は2日間
冷凍は2週間

山芋の竜田揚げ

〔材料〕4人分

山芋	150g
片栗粉	適量
Ⓐ 醤油	小さじ1
酒	小さじ1
砂糖	小さじ1
ショウガのすりおろし	少々
酢	少々
揚げ油	適量

〔作り方〕

❶ 山芋は皮ごと使う。しっかり洗って乱切りにする

❷ ❶とⒶをボウルに入れて、30分程度寝かせる

❸ ❷の水分をざるなどで軽く切り、片栗粉をまぶして油で揚げる

Column　たこさんウインナーの作り方

冷蔵は2日間
冷凍は2週間

たこさんウインナー①

〔材料〕

ウインナー	2本
スライスチーズ	適量
のり	適量

〔作り方〕

① ウインナーの先端を片側のみ切り落とし、縦半分にカットする

② 4ヶ所に切り込みを入れて足をつくり、お湯でゆでる

③ チーズとのりで目をつける

たこさんウインナー②

〔材料〕

ウインナー	2本
スライスチーズ	適量
のり	適量

〔作り方〕

① ウインナーに7ヶ所切り込みを入れ、8本足を作る

② お湯でゆでる

③ チーズとのりで目をつける

冷蔵は2日間
冷凍は2週間

Part 4

卵・その他のおかず

基本の卵焼き

〔材料〕

| 卵 | 2個 | 塩 | ひとつまみ |
| 砂糖 | 小さじ1 | サラダ油 | 少々 |

〔作り方〕

① 卵に砂糖、塩を加えてよく混ぜ合わせる

② 卵焼き器を熱したら油を引き、①の1/4の量を流し入れて軽く焼き、くるくると手前に巻く

③ 巻いた②を奥に持っていき、また卵液の1/4の量を流し入れて軽く焼いたら、再度手前に巻く

④ 卵液がなくなるまでこれを繰り返す

冷蔵は2日間
冷凍は2週間

基本の薄焼き卵

〔材料〕

卵	2個	Ⓐ	水溶き片栗粉	大さじ1
サラダ油	少々		砂糖	小さじ1
			塩	ひとつまみ

〔作り方〕

① 卵を溶いて茶こしで漉す。Ⓐを入れて混ぜ合わせる

② フライパンに油を引き、①の半量を流し入れる（火加減は極弱火）

③ 表面が固まってきたら菜箸を使ってひっくり返す。残りも同様にして焼く

冷蔵は2日間
冷凍は2週間

冷蔵は2日間
冷凍は2週間

基本のお花の卵焼き

〔材料〕

焼きたての卵焼き(P.76) …… 1本
ハム ………………………… 適量

〔作り方〕

① 竹串の半分の長さに卵焼きを切る

② ラップで包む

③ ラップを1枚広げて串を3本置く

④ ③の串の上に②をのせ、上に串を2本置く

⑤ 全体をラップで包み、両サイドを輪ゴムで縛り、このまま冷ます(このとき、卵焼きがお花の形になるように、串を食い込ませる)

⑥ ⑤を食べやすい大きさに切り、丸く切ったハムをのせる

※ ハムは赤ウインナーやケチャップでもOK

三角卵焼き

〔材料〕4人分

卵	2個	Ⓐ	砂糖	小さじ1
小松菜やほうれん草	1/4束		塩	ひとつまみ
めんつゆ（2倍濃縮）	小さじ1/2			

〔作り方〕

① 葉物をゆでて水気を切り、めんつゆを和える

② 卵にⒶで味をつけ、熱した卵焼き器に1/4の量を流し入れる。①を置き、奥から巻くようにして焼く

③ 熱いうちに巻きすで巻き、三角に成形してそのまま冷ます

④ 食べやすい大きさに切る

冷蔵は2日間
冷凍は2週間

ぐるぐるのりの卵焼き

〔材料〕4人分

卵	2個	Ⓐ	砂糖	小さじ1
のり（卵焼き器の大きさ）	1枚		塩	ひとつまみ

〔作り方〕

① 卵にⒶを入れて混ぜ合わせ、弱火で温めた卵焼き器に1/4の量を流し入れて焼く

② ①をいったん取り出し、のりを重ねて手前からくるくると巻く

③ 残りの卵液1/3の量を卵焼き器に流し入れ、②を中心にして卵焼きを作る

④ 卵液がなくなるまで焼き、食べやすい大きさに切る

冷蔵は2日間
冷凍は2週間

ツンツン卵焼き

〔材料〕4人分

卵		2個
Ⓐ	砂糖	小さじ1
	塩	ひとつまみ

〔作り方〕

① 卵にⒶを入れて、卵焼きを作る

② 2cm幅に切って横に倒し、切り口の真ん中に切り込みを入れる

③ 元に戻して斜めに包丁を入れる（②で切り込みを入れたところまで）

④ 反対側も同じように斜めに包丁を入れ、形をととのえる

冷蔵は2日間
冷凍は2週間

トッピング卵焼き

〔材料〕4人分

卵焼き（P.76）	6切れ	枝豆（ゆで）	6粒
ほうれん草のおひたし（P.55）		カニ風味かまぼこ	2本
	適量	マヨネーズ	少々

〔作り方〕

① 卵焼きを2cm幅に切って、真ん中に切り込みを入れる

② 切り込みにほうれん草のおひたし、マヨネーズと枝豆、マヨネーズとカニ風味かまぼこをはさむ

冷蔵は2日間
冷凍は2週間

ゆで卵のころころコロッケ

〔材料〕4人分

ゆで卵	2個	鶏ガラスープの素	少々
木綿豆腐	30g	塩・こしょう	少々
Ⓐ 片栗粉	小さじ1	フライの衣(P.24)	適量
牛乳	小さじ1	揚げ油	適量

〔作り方〕

❶ 細かく切ったゆで卵、木綿豆腐、Ⓐをよく混ぜ合わせる

❷ ❶を4個に丸めたら、フライの衣をつける

❸ 油で揚げる

冷蔵は2日間

ぺったんこゆで卵ちゃん

〔材料〕4人分

卵	2個	のり	適量
スライスチーズ	適量		

〔作り方〕

❶ ゆで卵を作り、熱いうちにプラスチック製密閉容器に入れ、フタをする

❷ そのまま冷蔵庫で冷ます

❸ 半分に切って、チーズとのりで目をつける

※ 密閉容器は、フタをしたときに卵が潰れるサイズを使いましょう(フタがしっかり閉まらなくても輪ゴムでとめればOK)

市松模様のちくわキュウリ

〔材料〕4人分

ちくわ	1本
キュウリ	10cm程度

〔作り方〕

① ちくわを4等分に切る

② ちくわの穴のサイズに合わせてキュウリを四角に切る（緑の皮が上）

③ キュウリを市松模様になるように皮をむく

④ ③のキュウリをちくわに差し込む

ちくわサラダ

〔材料〕4人分

ちくわ	1本	水	大さじ4
ポテトサラダ	適量	天ぷら粉	50g
薄力粉	少々	揚げ油	適量

〔作り方〕

① ちくわは縦に切り込みを入れて開く

② ①にポテトサラダを詰めて、全体に薄力粉をふる

③ 天ぷら粉に水を入れて混ぜ合わせ、②につけて油で揚げる

ハートちくわの磯辺揚げ

〔材料〕4人分

ちくわ	1本	青のり	少々
天ぷら粉	20g	揚げ油	適量
水	大さじ2		

〔作り方〕

① ちくわを縦4等分に切る。ちくわの外側が中にくるように丸めて ハートを作り、爪楊枝でとめる

② 天ぷら粉に水を入れて混ぜ合わせ、青のりを加える

③ ①を②につけて油で揚げる

冷蔵は2日間

※ 爪楊枝は問題なく使える ことを確認してから、お弁 当に入れるようにしてくだ さい

ちくわとかまぼこでお花かざり

〔材料〕4人分

ちくわ	1本
かまぼこ	適量
キュウリ	適量

〔作り方〕

① ちくわは4等分に切り、かまぼこは8枚にスライスする

② ちくわに6ヶ所切り込みを入れる(深さ1cm程度)

③ かまぼこ2枚をくるっと丸めて②の穴に差し込み、小さく切ったキュ ウリを飾る

おにぎりはんぺん

〔材料〕4人分

はんぺん	半分	のり	少々
スライスチーズ	半分	バター	5g

〔作り方〕

① はんぺんを4等分に切る（三角になるように）

② 三角の辺が長いところに切り込みを入れてチーズをはさみ、のりを貼り付ける

③ フライパンにバターを入れ、両面を焼く

冷蔵は2日間

カニ風味かまぼこのリボン揚げ

〔材料〕4人分

カニ風味かまぼこ	4本	水	大さじ2強
のり	適量	揚げ油	適量
天ぷら粉	20g		

〔作り方〕

① カニ風味かまぼこの中心にのりを巻く

② カニ風味かまぼこの両端を手で軽くほぐす

③ 天ぷら粉と水を混ぜ合わせる

④ ②を③につけて、油で揚げる

お花のハム巻き

〔材料〕4人分

ハム ······················ 2枚　　インゲン ······················ 2本
ヤングコーン(水煮) ·········· 2本　　マヨネーズ ······················ 適量

〔作り方〕

① ハムは両サイドを切り落とし、1cm程度重なるように縦に並べてマヨネーズを塗る

② ヤングコーンの先端を切り落とす

③ ①の上にゆでたインゲンと②を置き、手前からくるっと巻いて食べやすい大きさに切る

冷蔵は2日間
冷凍は2週間

ボーダーハムチーズカツ

〔材料〕4人分

お魚のハンバーグ ·········· 1/2個　　フライの衣(P.24) ·········· 適量
スライスチーズ ·········· 1枚　　揚げ油 ······················ 適量

〔作り方〕

① 市販のお魚のハンバーグを5mmの厚さに切る(8枚)

② チーズは6等分に切る

③ ①と②を交互に重ねる(ハム4枚、チーズ3枚)。同様に計2個作る

④ ③にフライの衣をつけて、油で揚げる

冷蔵は2日間
冷凍は2週間

ハムと餃子の皮のくるくる焼き

〔材料〕4人分

餃子の皮	4枚	大葉	2枚
ハム	2枚	サラダ油	適量

〔作り方〕

① 半分に切ったハムと大葉を餃子の皮の手前に置く

② ハムを置いた側からくるくると巻く

③ 多めの油で揚げ焼きにする

冷蔵は2日間
冷凍は2週間

ひまわりウインナー

〔材料〕4人分

ウインナー	3本	サラダ油	大さじ2
キュウリ	適量		

〔作り方〕

① ウインナー2本を縦半分に切り、片側だけ切り込みを入れる

② もう1本は輪切りにして、断面に格子状の切れ目を入れる

③ サラダ油を熱したフライパンで①と②を揚げ焼きにする

④ ②の輪切りにしたウインナーの周りに①のウインナーを巻き付け、
　半月切りにしたキュウリと一緒に爪楊枝で刺す

※ キュウリは飾り切りにするとかわいく仕上がります(P.64)

※ 爪楊枝は問題なく使えることを
　確認してから、お弁当に入れ
　るようにしてください

ウインナーとジャガイモのカレー炒め

〔材料〕4人分

ジャガイモ	1個	Ⓐ	マヨネーズ	小さじ1
ウインナー	2本		カレー粉	少々
パセリ	適量		塩・こしょう	少々

〔作り方〕

① ジャガイモは小さめの乱切りにして耐熱容器に入れ、電子レンジで3分加熱する

② 乱切りにしたウインナーをフライパンに入れて炒める

③ ①とⒶを加えて炒め合わせ、みじん切りにしたパセリをちらす

冷蔵は2日間
冷凍は2週間

Column かわいいお弁当をはじめたきっかけ

娘がまだ小さい頃、私の仕事が忙しくて深夜に帰宅することもありました。
そんなとき、いつも一人で夜ごはんを食べていた娘。
「一人でも寂しくないように…」と、おにぎりにのりで顔をつけてあげたのがきっかけでした。
そのとき、娘がとても喜んでくれたのです。
それから、お弁当をかわいく飾るようになりました。

本当はママと一緒にご飯を食べたい気持ちを必死に我慢してくれた娘。
一度もワガママを言うことなく、素直にしっかりとした子に育ってくれたのは、一緒にいなくてもお弁当で繋がれたおかげだと思っています。

そんな娘も大きくなりましたが、今でもかわいいお弁当を作ってあげると喜んで食べてくれます。
いつか孫が生まれたら、その子にも作ってあげるのが私の夢です。

そしていつしか、かわいいお弁当作りは私の趣味となり、今では夫にも作るように!

これからもずっと、家族にかわいいお弁当を作ってあげたいと思っています。

Part 5
冷凍食品のアレンジ

冷蔵は2日間

冷凍ハンバーグでくるま

〔材料〕1人分

冷凍ハンバーグ	2個	ハム	少々
薄焼き卵(P.76)	少々	マヨネーズ	少々
キュウリ	少々		

〔作り方〕

❶ 薄焼き卵を四角に切ったものを6つ、丸くくり抜いたキュウリを4つ、小さく丸くくり抜いたハムを4つ用意する

❷ ハンバーグを温めて粗熱をとる

❸ ❶にマヨネーズを少しつけてからハンバーグにのせる

❶

冷蔵は2日間

編み込みハンバーグ

〔材料〕1人分

冷凍ハンバーグ	2個
ナチュラルスライスチーズ	1枚
チェダースライスチーズ	1枚

〔作り方〕

❶ ナチュラルチーズとチェダーチーズを5mm幅に切り、交互に編み込む

❷ 温めたハンバーグに❶をのせて、チーズを軽く溶かす

❶

冷凍とんかつでブタさん

〔材料〕1人分

冷凍とんかつ	2個
ハム	適量
スライスチーズ	適量
のり	適量

〔作り方〕

❶ ハムでブタさんの鼻と耳を作り、チーズとのりで目を作る

❷ 温めて粗熱をとったとんかつの上に❶を飾る

 冷蔵は2日間

冷凍コロッケでうさぎちゃん

〔材料〕1人分

冷凍コロッケ	1個	のり	少々
大根	少々	揚げたパスタ	少々
赤ウインナー	少々		

〔作り方〕

❶ 温めたコロッケを半分に切り、大根で作ったうさぎの耳を差し込む

❷ 揚げたパスタを両サイドに3本ずつ差し込み、赤ウインナーの先端、丸くくり抜いた大根2個をのせる

❸ のりで目をつける

冷蔵は2日間

※ 揚げたパスタは問題なく食べられることを確認してから、お弁当に入れるようにしてください

冷凍唐揚げピンチョス

〔材料〕1人分

冷凍唐揚げ	2個	ミニトマト	2個
ヤングコーン	適量	スライスチーズ	少々
キュウリ	適量		

〔作り方〕

❶ ヤングコーンは2cm幅に切り、キュウリは1cm幅の輪切りにして飾りを入れる

❷ 温めた唐揚げ、ヤングコーン、キュウリ、ミニトマトを串に刺す

❸ 小さな丸にくり抜いたチーズをミニトマトに貼り付ける

※ 誤嚥・窒息の危険性がある場合、ミニトマトをまるごとでは使用しないでください

※ 串は問題なく使えることを確認してから、お弁当に入れるようにしてください

ポテトの肉巻き

〔材料〕1人分

冷凍ポテト	3個		サラダ油	小さじ1
豚薄切り肉	3枚	Ⓐ	焼肉のタレ	大さじ1
薄力粉	適量		白すりごま	少々

〔作り方〕

❶ 豚肉を広げて薄力粉をふり、凍ったままのポテトを巻く(3個作る)

❷ ❶に薄力粉をまぶし、油を熱したフライパンで表面に軽くこげ目がつくまで焼く

❸ フタをして弱火にし、3分間蒸し焼きにする

❹ Ⓐを加えて絡める

冷蔵は2日間

冷蔵は2日間

ナゲットサンド

〔材料〕1人分

冷凍ナゲット	3個	ハム	適量
レタス	適量	チーズ	適量

〔作り方〕

❶ 温めたナゲットに切り込みを入れる

❷ 切り込みの中にレタス、3等分したハムをはさむ

❸ お花の型でくり抜いたチーズをはさむ

❷

冷蔵は2日間

ナゲットピザ

〔材料〕1人分

冷凍ナゲット	3個	ピーマン	適量
ピザソース	適量	とろけるチーズ	適量
玉ねぎ	適量	パセリ	適量

〔作り方〕

❶ ナゲットにピザソースを塗り、スライスした玉ねぎ、ピーマンをのせる

❷ とろけるチーズをのせてトースターで焼き、みじん切りにしたパセリをちらす

❷

お花の冷凍つくね

[材料] 1人分

冷凍つくね串	2本	グリンピース	4粒
パプリカ	適量	パスタ	少々

[作り方]

❶ パプリカをお花の形にくり抜く

❷ ❶を温めたつくね串の上に置き、パスタを使ってゆでたグリンピースと固定させる

※ パスタは食べるときには柔らかくなっているので問題ありません

冷蔵は2日間

※ 串は問題なく使えることを確認してから、お弁当に入れるようにしてください

LOVE 春巻き

[材料] 1人分

冷凍春巻き	2個	赤ウインナーやハム	適量
ウズラの卵(水煮)	1個	インゲン	適量
薄焼き卵(P.76)	適量	マヨネーズ	適量

[作り方]

❶ LOVEの文字の食材を用意する。薄焼き卵で「L」、ウズラの卵で「O」、ゆでた赤ウインナーやハムで「V」、ゆでたインゲンで「E」

❷ それぞれの文字を温めた春巻きの皮に貼り付ける

※ 少しマヨネーズをつけると貼り付けやすくなります

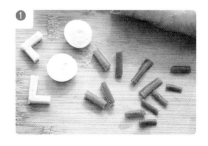

ハムカップチーズ焼き

〔材料〕1人分

ハム	2枚	とろけるチーズ	20g
冷凍ミックスベジタブル	35g	塩・こしょう	少々

〔作り方〕

❶ ハムは4ヶ所に切れ目を入れる

❷ ココットなどにはめ込む

❸ ミックスベジタブル、チーズ、塩・こしょうを合わせたものを❷に詰める

❹ トースターで7〜8分焼く

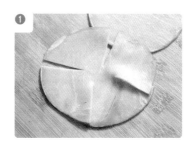 

エビフライちゃん

〔材料〕1人分

冷凍エビフライ	2本	スライスチーズ	適量
カニ風味かまぼこ	適量	のり	適量
パプリカ(黄色)	適量		

〔作り方〕

❶ 温めたエビフライに細かくさいたカニ風味かまぼこを巻く

❷ チーズとのりで目をつける

❸ パプリカで小さな丸を作り、鼻をつける

冷蔵は2日間

冷凍インゲンのりチーズ巻き

〔材料〕1人分

冷凍インゲン	8本	のり	適量
スティックチーズ	1本	めんつゆ（2倍濃縮）	小さじ1

〔作り方〕

❶ 冷凍インゲンをゆでて、スティックチーズの長さに揃えて切る。めんつゆを和える

❷ のりの上にインゲンを並べ、スティックチーズをのせる。手前からくるっと巻いてラップで包んでのりをなじませる

❸ 食べやすい長さに切る

ミックスベジタブルのピンチョス

〔材料〕1人分

冷凍ミックスベジタブル …… 適量

〔作り方〕

❶ ミックスベジタブルを解凍する

❷ 同じ種類の野菜が続かないように爪楊枝に差し込む

※ 爪楊枝は問題なく使えることを確認してから、お弁当に入れるようにしてください

冷蔵は2日間

コーンと枝豆のチーズ焼き

〔材料〕1人分

冷凍コーン ……… スプーン2杯分

冷凍枝豆 ……………… 10粒程度

とろけるチーズ（ピザ用）…… 40g

〔作り方〕

❶ とろけるチーズをフライパンに入れて弱火にかける

❷ ❶が軽く溶けたら、コーンと枝豆をきれいに並べる

❸ チーズがこげてきたらひっくり返し、軽く焼く

フライドポテトでポテトサラダ

〔材料〕1人分

冷凍フライドポテト……… 3個	塩 ………………………… 適量
キュウリ…………………… 適量	マヨネーズ……………… 適量
玉ねぎ……………………… 適量	塩・こしょう …………… 少々

〔作り方〕

❶ キュウリと玉ねぎを薄く切り、塩をもみ込んでしんなりさせる

❷ 揚げたポテトを小さく切る

❸ 水で洗ってしぼった❶をボウルに入れる。❷をボウルに加え、マヨネーズと塩・こしょうで味をつける

冷蔵は2日間

冷凍パイシートでカップグラタン

〔材料〕1人分

冷凍パイシート	1/2枚	パプリカ	少々
冷凍グラタン	2個	パセリ	少々
とろけるチーズ	少々		

〔作り方〕

❶ 解凍したパイシートをめん棒で伸ばし、9cm程度の正方形に切る

❷ ❶を7cm程度のココットに入れ、冷凍グラタンを凍ったまま入れる

❸ とろけるチーズをかけ、180度に予熱をしたオーブンで10〜12分焼く

❹ かわいい形にくり抜いたパプリカ、みじん切りにしたパセリをちらす

冷蔵は2日間

冷凍オムレツでひよこちゃん

〔材料〕1人分

冷凍オムレツ	2個	のり	適量
にんじん	適量	ケチャップ	少々

〔作り方〕

❶ ゆでて丸くくり抜いたにんじんを温めたオムレツにのせる

❷ のりで顔と手を作り、ケチャップでほっぺをつける

冷蔵は2日間

レンジでかんたん！冷凍うどんで焼きうどん

〔材料〕1人分

冷凍うどん ……………… 1玉	赤ウインナーの先端 ……… 2つ
ちくわ ……………… 1/2本	大葉 ……………… 1枚
ウインナー ……………… 1本	塩・こしょう ……………… 少々
小ねぎ ……………… 3本分	Ⓐ めんつゆ(2倍濃縮) … 大さじ1
はんぺん ……………… 適量	ごま油 ……… 小さじ1/2

〔作り方〕

❶ 食べやすい大きさに切ったちくわ、ウインナー、小ねぎを耐熱容器に入れる

❷ 冷凍うどんをのせてⒶをかける。ラップをふんわりかけて電子レンジで4分加熱する

❸ 塩・こしょうをしてよく混ぜ合わせる。再度ラップをふんわりかけて電子レンジで1分加熱する

❹ 焼きうどんの上に大葉を半分に切って並べ、はんぺんとゆでた赤ウインナーでお花を作る

レンジでかんたん！冷凍うどんでナポリタン

〔材料〕1人分

冷凍うどん ……………… 1玉	塩・こしょう ……………… 少々
玉ねぎ ……………… 1/4個	パセリ ……………… 少々
ピーマン ……………… 1/2個	Ⓐ ケチャップ ……………… 大さじ2
ハム ……………… 1枚	とんかつソース …… 大さじ1
たこさんウインナー(P.74) … 2個	バター ……………… 10g

〔作り方〕

❶ スライスした玉ねぎ、ピーマン、ハムを耐熱容器に入れる

❷ ❶の上に冷凍うどんとⒶをのせ、ラップをふんわりかけて電子レンジで4分加熱する

❸ 電子レンジから取り出し、塩・こしょうをして混ぜ合わせる。再度ラップをふんわりかけて電子レンジで1分加熱する

❹ ❸をお弁当箱に詰め、みじん切りにしたパセリをちらし、たこさんウインナーをのせる

冷蔵は2日間

Column　基本の天ぷらの揚げ方

〔材料〕

エビ	4尾
天ぷら粉	50g
水	大さじ4
薄力粉	適量
揚げ油	適量

〔エビの下ごしらえ〕

❶ エビの殻をむき、背わたを取る

❷ しっぽの真ん中にある尖った部分を切り落とす

❸ エビのお腹の方に数ヶ所切り込みを入れる

〔天ぷらの揚げ方〕

❹ 天ぷら粉に水を入れて混ぜ合わせる

❺ エビに薄力粉をふり、❹の衣をつけて油で揚げる

※ エビに切り込みを入れるのは、まっすぐなエビ天を作るためです。エビフライでも同じ方法です

※ 天ぷら粉によっては水の分量が変わる可能性があります

※ 固さはとろっとスプーンから落ちる程度

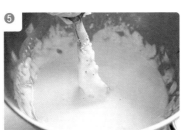
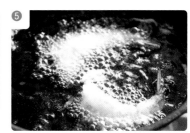

Part 6

パン・サンドイッチのお弁当

串刺しサンドイッチ

〔材料〕 1人分

食パン 1/2枚
お花の卵焼き(P.77) 2個
キュウリ 1.5cm
ミニトマト 2個
レタス 少々
ハム 1枚
スライスチーズ 1枚
バター 少々

※ 誤嚥・窒息の危険性がある
場合、ミニトマトをまるごと
では使用しないでください

※ 串は問題なく使えることを
確認してから、お弁当に
入れるようにしてください

❶ 食パンを4等分してトースター
で焼き、バターを塗る

❷ ❶の食パン2枚でレタス、半分
に切ったハム、チーズをはさむ。
同様にもう1個作る

❸ キュウリに飾りを入れ、半分に
切る

❹ お花の卵焼き、❸のキュウリ、
❷のサンドイッチ、ミニトマトを
串に刺す

くるまサンドイッチ

〔材料〕1人分

サンドイッチ用パン	2枚
マヨネーズ	少々
ハム	1枚
薄焼き卵	少々

❶ パンを半分に切り、うち2枚に四角い穴を3つ作る

❷ 穴を開けていないパンにマヨネーズを塗り、パンよりひとまわり小さく切ったハムを置く

❸ ❷の上に❶をのせ、菜箸を押しつけてすべての辺を密着させる

❹ 丸くくり抜いた薄焼き卵、ハムをのせてタイヤを作る

ロールパンでマリトッツォ風

〔材料〕1人分

ロールパン	2個
卵サラダ	適量
ポテトサラダ	適量
スライスチーズ	適量
のり	適量
レタス	適量

① 2つのロールパンに切り込みを入れる

② ロールパンに卵サラダとレタスをはさむ

③ もうひとつのロールパンに、ポテトサラダとレタスをはさむ

④ チーズとのりで顔を作る

くまちゃんパンケーキサンド

[材料] 1人分

パンケーキ	2枚
ツナサラダ	適量
にんじん	2枚
スライスチーズ	適量
ハム	適量
のり	適量

※ ツナサラダは卵サラダやポ
テトサラダで代用できます

① パンケーキにツナサラダをのせる

② ゆでたにんじんを輪切りにし、2
つ置いて耳を作る

③ もう1枚のパンケーキではさむ

④ チーズとのりで顔を作り、ハム
でほっぺを作る

くり抜きサンドイッチ 2 種類

[材料] 1人分

サンドイッチ用パン ……… 2枚
キュウリ …………………… 適量
カニ風味かまぼこ ………… 適量
チェダーチーズ ………… 1/2枚
バター …………………… 少々

※ チェダーチーズはスライス
　 チーズでも OK

❶ パンを半分に切り、1枚は2個
　の星をくり抜き、1枚は4個の
　丸をくり抜く

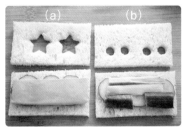

❷ 残りのパン2枚にバターを塗り、
　片方にキュウリとチェダーチーズ
　をのせ（a）、もう片方にキュウリ
　とカニ風味かまぼこをのせる（b）。
　（a）の上に星をくり抜いたパン
　を、（b）の上に4個の丸をくり
　抜いたパンをのせる

❸ 丸くくり抜いた方（b）に、キュウ
　リで作った葉っぱをつける

お花畑のホットドッグ

〔材料〕 1人分

ホットドッグ用パン	1個
魚肉ソーセージ	適量
薄焼き卵(P.76)	適量
ミニトマト	適量
レタス	適量
マヨネーズ	適量

① 魚肉ソーセージはピーラーで薄切りにする。薄焼き卵は2cm幅に切る

② 魚肉ソーセージと薄焼き卵を重ね、くるっと巻く

③ パンにレタスをはさんで、マヨネーズを塗る。②、半分に切ったミニトマトをはさむ

キャンディー風くるくるサンドイッチ

P.77

〔材料〕1人分

サンドイッチ用パン	2枚
ツナサラダ	適量
ハム	適量
スライスチーズ	適量

※ ツナサラダはお好みで他の具に変更してもOK

① 星形にくり抜いたチーズをラップの上に数個のせる

② パンを①の上にのせ、その上にツナサラダをのせる

③ パンでツナサラダを包むように、ラップを使ってくるっと巻く

④ ハムの星も同じ要領で作り、両サイドをリボンなどで留める

ハムとチーズのくるくるサンドイッチ

〔材料〕1人分

サンドイッチ用パン	2枚
ハム	4枚
スライスチーズ	2枚
マヨネーズ	少々
レタス	少々

❶ ハム2枚を縦に並べ、チーズを1枚のせる

❷ 手前からくるくる巻き、ラップで包む（計2個作る）。冷蔵庫で10分寝かせる

❸ パンにマヨネーズを塗り、レタスと❷をのせる。くるっと巻いてラップで包む

❹ 食べやすい大きさに切り、ラップを外す

お絵かきサンドイッチ

〔材料〕 1人分

サンドイッチ用パン	2枚
卵サラダ	適量
バター	少々
赤ウインナー	1本
ケチャップ	適量

① バターをパンに塗り卵サラダを
はさむ。半分に切る

② ゆでた赤ウインナーの先を削る
ように切り、えんぴつを作る

③ ①をお弁当箱に詰めてケチャッ
プで自由にお絵かきをする

④ ③の絵に合わせて②を添える

ロールパンでカップサラダ

P.125

〔材料〕1人分

ロールパン	2個
ポテトサラダ	適量
ミニトマト	2個
キュウリ	少々

❶ ロールパンの上の部分を切り落とす

❷ 包丁でパンの内側に丸く切れ目を入れ、パンを押し込んでカップにする

❸ ❷の中にポテトサラダを詰める

❹ 半分に切ったミニトマトとキュウリでさくらんぼを作り、❸にのせる

Column　かわいいフルーツカット

動画でも解説！

グレープフルーツ

輪切りにしたあと、ナイフを使って周りをギザギザにカットする

皮も6片の花の形にカットし、切り抜きを入れて飾りにする

オレンジ

くし形に切り、実と皮の間と、皮と皮の間に切り込みを入れる（皮を切り落とさないように注意する）

実とその下の皮を持ち上げ、外側の皮に切り込みを入れる

外側の皮に飾りを入れ、中の皮と外の皮を内側に折り込む

できあがり

ブドウ

ナイフを使って真ん中にギザギザに切り込みを入れる

1周ぐるりと切り込みを入れてできあがり

イチゴ

ナイフを使って真ん中にギザギザに切り込みを入れる

1周ぐるりと切り込みを入れてできあがり

リンゴ（市松模様）

リンゴの皮に格子状に切り込みを入れ、交互に皮をむく

リンゴ（ボーダー）

皮にボーダーの切り込みを入れて、皮をむく

リンゴ（木の葉）

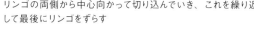

リンゴの両側から中心向かって切り込んでいき、これを繰り返して最後にリンゴをずらす

キウイ

（お花）輪切りにしたキウイをナイフでお花の形に成形する
（ギザギザ）輪切りにしたキウイの周りをギザギザに切る

Part 7

季節・行事・イベントのお弁当

春のお弁当

お花見弁当

ひなまつり弁当

こいのぼり弁当

夏のお弁当

梅雨弁当

七夕弁当

夏弁当

秋のお弁当

お月見弁当

ハロウィン弁当

運動会弁当

冬のお弁当

クリスマス弁当

節分弁当

バレンタイン弁当

❀ お花ののり巻き

〔材料〕2人分

魚肉ソーセージ（細いもの）··3本　　のり·····················適量
インゲン·····················1本　　ごはん·····················100g

〔作り方〕

❶ 魚肉ソーセージを半分に切り、そのうち5本を使用する。ゆでたインゲンの周りに魚肉ソーセージを並べ、のりで巻く

❷ ❶の幅に合わせてのりを切り、ごはんをのせて広げる。このとき奥側を少し残しておく

❸ ❷の上に❶を置いて手前から巻き、ラップで包んでから包丁で切る

✿ ハムとチーズのミルフィーユ

〔材料〕1～2人分

ハム·····················2枚
スライスチーズ·················2枚

〔作り方〕

❶ ハムを3等分して、2枚ずつ重ねる

❷ チーズも3等分して、2枚ずつ重ねる

❸ チーズ→ハムの順に6層に重ねる

❹ お花の抜き型でまとめて抜く

 冷蔵は2日間

※ 飾りのピックは問題なく使える
　ことを確認してから、お弁当に
　入れるようにしてください

✿ ぶぶあられのツナコロッケ

〔材料〕1～2人分

ジャガイモ	1個	天ぷら粉	10g
ツナ缶	1/2缶	水	大さじ1
塩・こしょう	少々	揚げ油	適量
ぶぶあられ	10g		

〔作り方〕

❶ ジャガイモはゆでてマッシュし、ツナ缶、塩・こしょうを加えて混ぜ合わせ、丸く成形する

❷ ❶に天ぷら粉と水を合わせた衣をつけて、ぶぶあられをまぶす

❸ 油で揚げる

冷蔵は2日間
冷凍は2週間

✿ お花の卵焼き

材料や作り方は、P.77 の「**基本のお花の卵焼き**」と同じです

(a)
(b)

❀ ひなまつりの俵おにぎり

〔材料〕1人分

ごはん	100g	ハム	1枚
のり	適量	かまぼこ	適量
チーズ	適量	梅干し	適量
カニ風味かまぼこ	適量		

〔作り方〕

❶ ごはんは2等分し、俵型ににぎる

❷ のりとチーズで着物を作り、おにぎりに巻く(a)

❸ カニ風味かまぼことハムで着物を作り、おにぎりに巻く(b)

❹ のりで髪を作り、飾りのピックを頭に刺す

❺ のりで顔を作り、(b)には梅干しをつけてほっぺを作る

❻ かまぼこで作った飾りをのせる

※ 飾りのピックは問題なく使えることを確認してから、お弁当に入れるようにしてください

❀ ひしもち飾り

〔材料〕1人分

ハム	1枚
スライスチーズ	1枚
キュウリ	適量

〔作り方〕

❶ ハムを4等分に切って重ねる。チーズも同じように4等分にして重ねる

❷ 1cm幅に輪切りしたキュウリと、❶のハムとチーズをお花の形にくり抜く。重ねてピックを刺す

※ ピックは問題なく使えることを確認してから、お弁当に入れるようにしてください

❀ 鮭のタルタル焼き

〔材料〕1～2人分

生鮭の切り身	2切れ	パン粉	少々
酒	小さじ1	にんじん	適量
タルタルソース	適量		

〔作り方〕

❶ 鮭に酒をふり、タルタルソースとパン粉をのせてトースターで焼く

❷ ゆでてお花の形にくり抜いたにんじんを飾る

❸ お好みでパセリ(分量外)をのせる

冷蔵は2日間
冷凍は2週間

❶

❀ ウズラの卵でぼんぼり

〔材料〕1～2人分

ウズラの卵(水煮)	2個
黒豆	8粒
ハム	適量

〔作り方〕

❶ 黒豆とうずらの卵を串に刺す

❷ ハムで作った花を貼り付ける

❶

※ ウズラの卵、黒豆は誤嚥・窒息の危険性がある場合、使用しないでください

※ 串は問題なく使えることを確認してから、お弁当に入れるようにしてください

❀ こいのぼりのっけごはん

〔材料〕1人分

卵焼き	1切れ	ふりかけ	少々
お魚のハンバーグ	1cm	かまぼこ	少々
ごはん	100g	のり	少々

〔作り方〕

❶ ごはんにふりかけを混ぜ合わせ、お弁当箱に詰める

❷ 卵焼きとお魚のハンバーグをこいのぼりの形に成形する

❸ 丸く切ったかまぼことのりで目を作り、半円に切ったかまぼこでこいのぼりの柄を作る。のりで目を作り、ごはんの上にのせる

❀ こいのぼりコロッケ

〔材料〕1～2人分

ジャガイモ	1個	フライの衣(P.24)	適量
にんじん	3cm	スライスチーズ	少々
赤ウインナー	1本	のり	少々
塩・こしょう	少々	揚げ油	適量

〔作り方〕

❶ ジャガイモとにんじんをゆでて一緒にマッシュする。塩・こしょうで味をつけて俵型に丸め、フライの衣をつけておく

❷ 赤ウインナーの先端を切り落とし、縦半分に切る。片側に5ヶ所切り込みを入れる

❸ ❶に❷を差し込み、油で揚げる。チーズとのりで目を作り、チーズで柄を作ってのせる

❀ ちくわとキュウリのこいのぼり

〔材料〕1〜2人分

ちくわ	8cm	かまぼこ	少々
キュウリ	6cm	のり	少々

〔作り方〕

❶ ちくわとキュウリを4cm幅に切る。キュウリは縦4等分に切る

❷ ちくわの穴の中にキュウリを差し込む

❸ 片側をV字に切り落とす

❹ かまぼことのりで目を作り、キュウリでこいのぼりの柄を作って❸にのせる

❀ 赤ウインナーでこいのぼり

〔材料〕1人分

赤ウインナー	1本	ハム	少々
スライスチーズ	少々	のり	少々

〔作り方〕

❶ ゆでた赤ウインナーを縦半分に切り、片側をV字に切り落とす

❷ チーズとのりで目を作り、ハムで柄を作って❶にのせる

❸ 爪楊枝に刺す

冷蔵は2日間

※ 爪楊枝は問題なく使えることを確認してから、お弁当に入れるようにしてください

121

❀ かたつむりサンドイッチ

〔材料〕1人分

サンドイッチ用パン	2枚	はんぺん	適量
バター	少々	のり	適量
ジャム	適量	揚げたパスタ	少々
ハム	1枚	大葉やレタス	適量
スライスチーズ	1/2枚		

〔作り方〕

❶ ハムを半分に切って縦に2枚並べ、チーズをのせて手前からくるっと巻く。ラップで包んで冷蔵庫で5分寝かせ、輪切りにする

❷ パンにバターとジャムを塗り、もう1枚のパンではさむ。半分の大きさに切る

❸ しずく形に切ったはんぺんと大葉を❷の上にのせて、❶を添える。揚げたパスタをはんぺんに差し込んでツノを作り、のりで顔を作ってのせる

※ 揚げたパスタは問題なく食べられることを確認してから、お弁当に入れるようにしてください

❀ アジサイポテトサラダ

〔材料〕1～2人分

ポテトサラダ	適量
ハム	1枚
揚げたパスタ	少々

〔作り方〕

❶ ハムを小さなお花の形にくり抜く

❷ ポテトサラダの上に❶をのせて、ハムの真ん中に揚げたパスタを1cmほど差し込む

※ 揚げたパスタは問題なく食べられることを確認してから、お弁当に入れるようにしてください

● ちくわキュウリのカエルさん

〔材料〕1〜2人分

ちくわ	5cm	スライスチーズ	少々
キュウリ	5cm	のり	少々
ハム	少々		

〔作り方〕

❶ ちくわとキュウリを2.5cm幅に切り、ちくわの中にキュウリを詰める

❷ チーズとのりで目を作り、ハムでほっぺ、のりで口を作る

❶

● てるてる坊主

〔材料〕1〜2人分

ウズラの卵(水煮)	1個
かまぼこ	適量
のり	少々

〔作り方〕

❶ かまぼこを切って、てるてる坊主の体を作る

❷ ウズラの卵は縦半分に切る

❸ ❷と❶を串に刺し、のりで顔を作る

❶ ❷

※ ウズラの卵は誤嚥・窒息の危険性がある場合、使用しないでください

※ 串は問題なく使えることを確認してから、お弁当に入れるようにしてください

❀ 星の俵おにぎり

〔材料〕1人分

ごはん	100g	チーズ	適量
のり	適量	カニ風味かまぼこ	適量

〔作り方〕

❶ ごはんを2等分し、俵型に丸める。のりを巻いてラップで包み、なじませる

❷ ❶をお弁当箱に詰めて、星の形にくり抜いたチーズと細くさいたカニ風味かまぼこを飾る

❀ はんぺんで彦星と織姫

〔材料〕1人分

はんぺん	適量	のり	適量
赤ウインナー	適量	ハム	適量
キュウリ	適量		

〔作り方〕

❶ はんぺんを丸くくり抜いてのりをのせ、頭を作る

❷ ❶のひとつをゆでた赤ウインナー、もうひとつをキュウリと一緒にピックに刺す

❸ のりで目と鼻を作る。ハムでほっぺを作り、織姫にのせる

※ ピックは問題なく使えることを確認してから、お弁当に入れるようにしてください

冷蔵は2日間
冷凍は2週間

✿ オクラの肉巻き

〔材料〕1人分

豚薄切り肉	2枚	薄力粉	少々
赤ピーマン	1/4個	焼肉のタレ	大さじ1
オクラ	1本	サラダ油	少々

〔作り方〕

① 肉を縦に2枚並べて薄力粉をふり、細く切った赤ピーマン、下ゆでをしたオクラをのせて手前からくるくる巻く

② ①の全体に薄力粉をふり、油を引いたフライパンで焼く。途中フタをしながら蒸し焼きにする

③ 焼肉のタレを入れて味をつけ、食べやすい多きさに切る

①

✿ 星の卵焼き

〔材料〕1人分

焼きたての卵焼き(P.76) ····· 適量

〔作り方〕

① 星形の型枠に卵焼きをはさみ、そのまま冷ます

② 食べやすい大きさに切る

※ 卵焼きは粗熱をとってから型枠にはさんでください

目をつけても
かわいい！

冷蔵は2日間
冷凍は2週間

①

①

きゅうりの星型 作成キット
製造：株式会社フォレスト
販売：種と苗の店グリーンサム（https://item.rakuten.co.jp/greenthumb/10101/）

🌻 ひまわりそぼろごはん

〔材料〕1人分

ごはん	100g	薄焼き卵(P.76)	適量
牛豚そぼろ(P.40)	適量	大葉	1枚

〔作り方〕

❶ お弁当箱にごはんを詰めて、そぼろを敷き詰める

❷ しずくの形にくり抜いた薄焼き卵を
お花のように並べる

❸ ❷の真ん中にそぼろをのせ、大葉を
飾る

🌻 カニさんウインナー

〔材料〕1～2人分

赤ウインナー	適量
揚げたパスタ	適量

〔作り方〕

❶ 赤ウインナーの両端を切る。カニの体(真ん中のウインナー)に
十字に切り込みを入れる

❷ 手(両サイドのウインナー)はV字に
切り落とす

❸ ❶と❷をお湯で軽くゆでる

❹ 揚げたパスタを体の方に8本刺し、
手の方には1本刺す。体と手をくっつ
けて目玉
がついた
ピック を
差し込む

❄ 冷蔵は2日間
冷凍は2週間

※ ピックと揚げたパスタは問題な
く使えること、食べられること
を確認してから、お弁当に入
れるようにしてください

❀ ズッキーニでスイカ

〔材料〕1〜2人分

ズッキーニ	適量	黒ごま	少々
カニ風味かまぼこ	適量	マヨネーズ	少々

〔作り方〕

❶ 半月切りにしたズッキーニの上にマヨネーズを少しのせ、半月にくり抜いたカニ風味かまぼこをのせる

❷ ❶の上に黒ごまを飾る

❶

※ ズッキーニはキュウリでもOK

❀ アサガオソーセージ

〔材料〕1〜2人分

魚肉ソーセージ	適量
スライスチーズ	適量

〔作り方〕

❶ ソーセージを輪切りにし、星形にくり抜いたチーズをのせる

❷ ❶を4つ作り、2つずつピックに刺す

冷蔵は2日間

❶

※ ピックは問題なく使えることを確認してから、お弁当に入れるようにしてください

127

🍁 お月見のり弁

〔材料〕1人分

ごはん	100g	薄焼き卵(P.76)	適量
のり	適量	はんぺん	適量
醤油	少々	さつま揚げ	適量

〔作り方〕

❶ ごはんをお弁当箱に詰める

❷ のりを小さくちぎって醤油を少しつけ、ごはんの上に敷き詰める

❸ 薄焼き卵でお月様、はんぺんで雲・お団子・うさぎ、さつま揚げで
お団子の台を作り、❷の上にのせる

※ ごはんを下半分に詰めてか
ら、好みの具材（鮭フレー
クや佃煮など）を入れて、も
う半分のごはんを上から詰
めるのもオススメ

🍁 アスパラガスの肉巻き

〔材料〕1〜2人分

アスパラガス	4本	Ⓐ	醤油	小さじ1
豚薄切り肉	2枚		砂糖	小さじ1
薄力粉	少々		酒	小さじ1
サラダ油	小さじ1			

〔作り方〕

❶ アスパラガスを半分に切り、下ゆでをしておく

❷ 豚肉を広げて薄力粉をふり、❶の半量をのせて巻く。同様にもう
1つ作る

❸ フライパンに油を熱し、❷を焼く。途中フタをしながら蒸し焼きに
してⒶを合わせ入れて味付けし、
食べやすい大きさに切る

冷蔵は2日間
冷凍は2週間

🍁 どんぐりウインナー

〔材料〕1〜2人分

ウインナー	2本	スライスチーズ	少々
しめじ	4個	のり	少々

〔作り方〕

❶ しめじはカサの部分だけ使う。半分に切ったウインナーと一緒に
　ゆでる

❷ しめじ、ウインナーを爪楊枝に刺す

❸ チーズとのりで目を作る

冷蔵は2日間
冷凍は2週間

※ 爪楊枝は問題なく使えることを
　確認してから、お弁当に入れ
　るようにしてください

🍁 もみじのグラッセ

〔材料〕1〜2人分

にんじん	3枚	砂糖	ひとつまみ
Ⓐ バター	3g	塩	ひとつまみ
水	小さじ1		

〔作り方〕

❶ にんじんを紅葉の型抜きを使ってくり抜く

❷ ❶とⒶを耐熱容器に入れてラップをふんわりかける。電子レンジ
　で1分半加熱する

❸ ひっくり返してもう一度ラップをふんわりかけ、電子レンジで20秒
　加熱する

❹ 電子レンジから取り出し、
　しっかりラップをして、その
　まま冷めるまで待つ

冷蔵は2日間
冷凍は2週間

✳ おばけおにぎり

〔材料〕1人分

ごはん ………………………… 100g

のり …………………………… 8×15cm

のり（顔用）………………… 少々

〔作り方〕

❶ ごはんをラップで包み、長さ8cmのしずく形にととのえる

❷ ❶をのりで巻いてラップで包み、のりをなじませる

❸ 3等分に切り、のりでおばけの顔を作る

✳ おばけの卵

〔材料〕1人分

ウズラの卵（水煮）………… 3個

カニ風味かまぼこ…………… 少々

のり …………………………… 少々

〔作り方〕

❶ ウズラの卵をピックに刺す

❷ カニ風味かまぼこで舌を作り、のりで目を作る

※ ウズラの卵は誤嚥・窒息の危険性がある場合、使用しないでください

※ ピックは問題なく使えることを確認してから、お弁当に入れるようにしてください

✿ ミイラウインナー

冷蔵は2日間
冷凍は2週間

〔材料〕1〜2人分

パイシート	5×10cm	スライスチーズ	少々
ウインナー	4本	のり	少々

〔作り方〕

❶ パイシートをめん棒で伸ばし、12本に切る

❷ 爪楊枝でウインナーに数ヶ所穴を開け、❶を3本巻く（1本のウインナーに対してパイシート3本）

❸ 180度に予熱したオーブンで10分焼き、粗熱を取ってチーズとのりで目を作る

✿ カボチャコロッケ

冷蔵は2日間
冷凍は2週間

〔材料〕1〜2人分

カボチャ	1/8玉	Ⓐ カレー粉	少々
フライの衣(P.24)	適量	塩・こしょう	少々
揚げ油	適量	醤油	少々

〔作り方〕

❶ カボチャは皮をむいて小さく切り、電子レンジで4分加熱してマッシュしておく

❷ ❶にⒶで味をつけ、丸く成形して衣をつける

❸ タコ糸を使ってカボチャの模様を作り、油で揚げる

❹ ゆでたカボチャの皮を❸に差し込む

❀ はちまき顔むすび

〔材料〕1人分

丸いおにぎり（顔）	90g	カニ風味かまぼこ	適量
小さな丸いおにぎり（手）	10g	かまぼこ	適量
のり	適量	カリカリ梅	適量

〔作り方〕

❶ 丸いおにぎり（90g）をにぎり、のりを巻いて髪を作る

❷ ❶の頭にカニ風味かまぼこを巻いて、はちまきを作る

❸ かまぼこを四角に切り、真ん中に丸くくり抜いたカリカリ梅を貼り付けて日本の国旗を作る

❹ ❷をお弁当箱に詰めて❸をのせ、小さなおにぎり（各10g）を2個飾る

❀ そうめんカップ

〔材料〕1人分

そうめん	1/5束	スライスチーズ	少々
キュウリ	少々	大葉	少々
錦糸卵	少々	めんつゆ（2倍濃縮）	少々
ハム	少々		

〔作り方〕

❶ そうめんをゆで、ボウルに入れてめんつゆを和える

❷ ❶に千切りにしたキュウリと錦糸卵を入れて混ぜ合わせ、カップに入れる

❸ ハムを丸くくり抜いて、数字にくり抜いたチーズをのせる

❹ ❷の上に半分に切った大葉を置き、❸にのせる

〔ポイント〕

錦糸卵は、薄焼き卵（P.76）を細切りにしたものでもOK

🍁 はちまきたこさんウインナー

〔材料〕1人分

赤ウインナー・・・・・・・・・・・・・2本　　スライスチーズ・・・・・・・・・・・・少々

のり・・・・・・・・・・・・・・・・・・・・・少々　　チェダーチーズ・・・・・・・・・・・・少々

〔作り方〕

❶ 赤ウインナーの片側に切り込みを入れてゆでる

❷ チェダーチーズで輪を作り、❶に貼り付ける

❸ スライスチーズを小さな丸に2個くり抜く。❶に貼り付け、のりで
　目を作る。のりではちまきを作る

冷蔵は2日間
冷凍は2週間

🍁 かまぼこピックのナゲット

〔材料〕1人分

ナゲット・・・・・・・・・・・・・・・・・・1個

はんぺん・・・・・・・・・・・・・・・・・・少々

キュウリ・・・・・・・・・・・・・・・・・・少々

〔作り方〕

❶ はんぺんを三角に切り、数字にくり抜いたキュウリを貼り付ける

❷ ナゲットを半分に切る

❸ ❶と❷を串に刺す

※ 串は問題なく使えることを確認
　してから、お弁当に入れるよう
　にしてください

❄ ツリーごはん

〔材料〕1人分

ごはん	100g	スライスチーズ	適量
大葉	1枚	赤パプリカ	適量
冷凍ミックスベジタブル	適量	かまぼこ	適量
カニ風味かまぼこ	適量		

〔作り方〕

❶ お弁当箱にごはんを詰め、大葉をのせて、ゆでたミックスベジタブルをちらす

❷ チーズとパプリカは星の形に、かまぼこは小さな丸にくり抜く

❸ ❷と細くさいたカニ風味かまぼこを大葉の上に飾る

❄ ウズラの卵で雪だるま

〔材料〕1人分

ウズラの卵（水煮）	2個	のり	適量
赤ウインナー	適量	カニ風味かまぼこ	適量

〔作り方〕

❶ ゆでた赤ウインナーの先端とウズラの卵2個を串に刺す

❷ のりで顔を作り、ウズラの卵の間に細くさいたカニ風味かまぼこを巻く

※ ウズラの卵は誤嚥・窒息の危険性がある場合、使用しないでください

※ 串は問題なく使えることを確認してから、お弁当に入れるようにしてください

冷蔵は2日間

❄ トナカイハンバーグ

〔材料〕1～2人分

ハンバーグ(P.47)	2個	スライスチーズ	適量
レンコン	適量	のり	適量
赤ウインナー	適量		

〔作り方〕

❶ レンコンは薄切りにして半分に切り、ゆでる

❷ ハンバーグに切り込みを入れて❶を2切れ差し込む。同様にもう1つ作る

❸ ゆでた赤ウインナーで鼻、チーズとのりで目を作り、ハンバーグにのせる

〔ポイント〕
ハンバーグは冷凍ハンバーグでもOK

冷蔵は2日間

❄ ブロッコリーでツリー

〔材料〕1～2人分

ブロッコリー	2個	赤パプリカ	適量
ちくわ	適量	ハム	適量
スライスチーズ	適量	マヨネーズ	少々

〔作り方〕

❶ ちくわを2cmの輪切りにして、ゆでたブロッコリーを差し込む

❷ チーズ、パプリカ、ハムを星の形にくり抜く

❸ ❷に少しマヨネーズをつけて❶に貼り付ける

❄ 鬼のお面ごはん

〔材料〕1人分

ごはん	100g	スライスチーズ	適量
のり	適量	梅干し	適量
はんぺん	適量		

〔作り方〕

❶ お弁当箱にごはんを詰める。のりを頭の形に切ってのせ、はんぺんでお面の紐を作る。真ん中に四角のチーズをのせる

❷ チーズに鬼の顔を作る(髪はのり、目はのりとはんぺん、口はのり、ほっぺは梅干し)

❸ のりで顔を作ってごはんの上にのせ、梅干しでほっぺをつける

❄ 鬼のパンツ卵焼き

〔材料〕1~2人分

卵焼き(P.76)	2切れ
のり	適量

〔作り方〕

❶ 卵焼きをパンツの形に切る

❷ ❶にのりで柄を付ける

冷蔵は2日間
冷凍は2週間

❄ # 鬼の金棒ウインナー

〔材料〕1〜2人分

ウインナー ……………………… 2本
揚げたパスタ ……………………… 適量

〔作り方〕

❶ ゆでたウインナーを串を刺す
❷ 揚げたパスタをウインナーにたくさん差し込む

※ 乾燥パスタは問題なく食べられることを確認してから、お弁当に
　入れるようにしてください

冷蔵は2日間
冷凍は2週間

❄ # 厚揚げで豆まき

〔材料〕1〜2人分

厚揚げ ……………………… 2個
味付け大豆 ……………………… 適量

〔作り方〕

❶ 厚揚げの中を四角にくり抜いて、電子レンジで30秒加熱する
❷ ❶の中に大豆を詰める

※ 味付け大豆は誤嚥・窒息の危険性が
　ある場合、使用しないでください

冷蔵は2日間

❄ ハートのサンドイッチ

〔材料〕1人分

サンドイッチ用パン	4枚	チョコペン	少々
ジャム	適量		

〔作り方〕

❶ パンの真ん中にジャムを塗り、もう1枚のパンでサンドする。同様にもう1個作る

❷ 大きめのハートの抜き型で❶をくり抜く

❸ チョコペンで顔を描く

冷蔵は2日間

❄ ハートウインナーピンチョス

〔材料〕1人分

赤ウインナー	1本
ブロッコリー	適量

〔作り方〕

❶ 赤ウインナーをゆでて斜めに切る

❷ ❶をハートになるようにくっつけて、ゆでたブロッコリーと一緒に串に刺す

※ 串は問題なく使えることを確認してから、お弁当に入れるようにしてください

❄ ハートのナポリタン

〔材料〕1人分

ナポリタン………………1人分
パプリカ…………………適量
チーズ……………………適量

〔作り方〕

❶ パプリカとチーズをハートの形にくり抜く
❷ ナポリタンの上に飾る

〔ポイント〕

ナポリタンは冷凍でも、手作りでもOK

冷蔵は2日間
冷凍は2週間

❄ ハートの卵焼き

〔材料〕1～2人分

卵焼き(P.76)………………4切れ

〔作り方〕

❶ 卵焼きを斜めにカットする
❷ 片方の向きを変えてくっつけて、ハートの形を作る

❶

誕生日弁当

ケーキののり弁

〔材料〕1人分

ごはん	100g	ハム	適量
佃煮など好みの具	少々	パプリカ(赤、黄)	適量
のり	適量	醤油	少々
スライスチーズ	適量		

〔作り方〕

❶ ごはんの間に佃煮を入れて、お弁当箱に詰める

❷ のりを小さくちぎって、醤油を少しつけながらごはんの上に敷き詰める

❸ 長方形に切ったチーズでケーキの土台を作る。チーズの幅に合わせて飾り切りしたハムと、小さな丸形にくり抜いたパプリカを飾り、数字にくり抜いたチーズをのせる

ちくわでろうそく

〔材料〕1人分

ちくわ	8cm
赤ウインナー	1本

〔作り方〕

❶ 赤ウインナーを半分に切り、ゆでる

❷ 先端を斜めに切り落として尖らせ、ろうそくの柄を彫る

❸ 半分に切ったちくわに差し込む

バースデーコロッケ

〔材料〕1人分

コロッケ(市販) ……………………1個
ナチュラルスライスチーズ … 適量
チェダースライスチーズ …… 適量
レタス ………………………… 適量

〔作り方〕

❶ チーズを誕生日の日付にくり抜く
❷ コロッケにレタスをのせ、❶を並べる

❷

※ チーズはゆでた
　　にんじんでもOK

プレゼント卵焼き

〔材料〕1～2人分

卵焼き(P.76) …………………… 2切れ
カニ風味かまぼこ ………… 適量
パスタ ………………………… 適量

〔作り方〕

❶ 細くさいたカニ風味かまぼこを、四角に切った卵焼きに2本巻く(カ
　　ニ風味かまぼこの端が上になるように)
❷ カニ風味かまぼこでリボンを作って上にのせ、パスタを刺して固
　　定する

❶

おわりに

読んで頂いてありがとうございます
どれかひとつでも
真似してみたい!
と思うものがありましたか?

私が作る料理は
特別な調味料も使わない!
そして高級食材も使わない!
(買えない笑)

簡単に真似できるものが多いと思います
ぜひ参考にしてもらえると嬉しいです

うちの娘と夫は完全なる食べる専門

料理人の母の背中を見て育った娘なのに
料理の世界には全く興味を持ちません
そして作りません

でもその理由が面白い!

「大変そうだったお母さんを見て育ったから
料理の世界なんて絶対にイヤだ!」
だそうです

私、ダメ!ですよね……

子育てのやり直しができるのなら
大変そうな顔ひとつ娘に見せず
「料理って楽しいわ〜」
と教えてあげたかったです

そんな娘がフランスに1年間の留学へ
今まで包丁すら握らなかった娘なので
本当に自炊なんてできるの? と
心配をしていましたが
何やら娘が作った美味しそうな料理の写真が
たくさん送られてくる!

そして娘から言われた言葉が
「やっぱり私はお母さんの娘だ!料理が楽しい!」
と!!!!

ちゃんと私の背中を見てくれていたんですね

仕事にも必死になりすぎて
家族を犠牲にしてきたこともたくさんありましたが
その一言に本当に救われました

頭の記憶は忘れても
舌の記憶は一生残ると聞いたことがあります

なので娘にはなるべく手作りのものを食べさせよう!と
2歳まではレトルト食品をほとんど食べさせなかったんです

それが原因かは分かりませんが
大きくなった今でも
娘はレトルト食品が苦手だと言います

そして良いのか悪いのか
夫も娘も舌だけが肥えました!

夫はとっても優しい人なので
たとえ美味しくないおかずでも
「美味しい!!!」
と言ってくれます

そして娘は正直に
「これ、あまり美味しくないね……」と
ハッキリとダメ出しをしてきます

「お母さん、舌バカ?」
とまで言われ
さすがに激怒したこともありますよ笑

ヨシ!
この娘を納得させる料理を作ってやる!
これが私の永遠の活力なんだと思います

最後に

いつもInstagramやYouTube
blogやTikTokにまで
嬉しいメッセージを送って下さる皆さまに
心から感謝しています

これからも参考にしてもらえるような
かわいいお弁当をお見せできるよう
私も頑張りますので
今後ともよろしくお願いいたします

スタッフ
写真／rii
スタイリング／rii
デザイン／園田優子（AIRE Design）
編集／Natsumi.S（マイナビ出版）、園田省吾（AIRE Design）
監修／管理栄養士 中村美穂（aika フードプランニング）
校正／菅野ひろみ

かんたん! かわいい! 子どもがよろこぶお弁当

2023 年 2 月 25 日　初版第 1 刷発行

著者　　　rii
発行者　　角竹輝紀
発行所　　株式会社マイナビ出版
　　　　　〒 101-0003
　　　　　東京都千代田区一ツ橋 2-6-3
　　　　　一ツ橋ビル 2F
電話　　　0480-38-6872（注文専用ダイヤル）
　　　　　03-3556-2731（販売部）
　　　　　03-3556-2735（編集部）
MAIL　　pc-books@mynavi.jp
URL　　　https://book.mynavi.jp
印刷・製本　中央精版印刷株式会社

◎ 定価はカバーに記載してあります。
◎ 個別のご質問についてはお答えできません。

◎ 本書の内容の正確性には充分注意を払っておりますが、万が一誤りがあった場合でも、 本書に掲載されている情報によって生じた損
　害に対し、当社は一切の責任を負いかねます。
◎ 本書の一部または全部について個人で使用するほかは、著作権法上、著作権者および株式会社マイナビ出版の承諾を得ずに無断で
　複写、複製することは禁じられています。
◎ 本書についてのご質問等ありましたら、上記メールアドレスにお問い合わせください。 インターネット環境がない方は、往復ハガキま
　たは返信切手、返信用封筒を同封の上、 株式会社マイナビ出版 編集第 2 部書籍編集 1 課までお送りください。
◎ 乱丁・落丁についてのお問い合わせは、TEL：0480-38-6872（注文専用ダイヤル）、 電子メール：sas@mynavi.jp までお願い
　いたします。
◎ 本書中の会社名、商品名は、該当する会社の商標または登録商標です。

ISBN 978-4-8399-8081-8
©2023 rii　©2023 Mynavi Publishing Corporation
Printed in Japan